KB090247

프로이트,
악몽을 꾸다

탐 철학 소설 30

프로이트, 악몽을 꾸다

초판 1쇄   2017년 4월 28일
초판 2쇄   2020년 8월 5일

지은이   문화

책임 편집   김하늘
마케팅   강백산, 강지연
디자인   이정화, 한아름
표지 일러스트 박근용

펴낸이   이재일
펴낸곳   토토북

주소 04034 서울시 마포구 양화로11길 18 3층 (서교동, 원오빌딩)
전화 02-332-6255 ㅣ 팩스 02-332-6286
홈페이지 www.totobook.com ㅣ 전자우편 totobooks@hanmail.net
출판등록 2002년 5월 30일 제10-2394호
ISBN 978-89-6496-330-2 44100
ISBN 978-89-6496-136-0 44100 (세트)

● 이 책의 사용 연령은 14세 이상입니다.
● 탐은 토토북의 청소년 출판 전문 브랜드입니다.

프로이트,
악몽을 꾸다

문화
지음

30

탐
철학
소설

틴

차례

나를 이해하기 위한 첫걸음, 프로이트 읽기

한 남자가 이상한 꿈을 꾸고 놀라서 일어납니다. 의사인 이 남자가 꾼 꿈은 이렇습니다. 그가 치료한 환자가 목에 생긴 염증으로 고통받고 있습니다. 꿈속에서 그는 필시 동료 의사가 환자에게 약을 잘못 처방했기 때문에 이런 일이 벌어졌을 거라 추측합니다.

'이르마의 꿈'이라는 별칭으로도 유명한 이 꿈은 프로이트가 꾼 것입니다. 그는 이 꿈을 분석합니다. 분석을 통해 의사로서 자신의 실력에 불안을 느끼고 있으며, 동시에 다른 동료 의사를 질투하는 한 남자의 감추어진 내면을 보게 됩니다. 물론 이 남자는 프로이트 자신입니다.

여러분은 어떤가요? 누군가에게 열등감이나 질투심을 느낀다는 것을 쉽게 내보일 수 있나요? 사실 좀처럼 인정하기 어렵지요. 하지만 프로이트는 자기 자신의 실수나 부끄러운 마음을 글로 쓰고 이야기하는 데 주저하는 사람이 아니었습니다. 그가 쓴 많은 양의 글을 읽다 보면 자신도 다른 평범한 사람들처럼 끊임없이 갈등하고 고뇌하였으며, 때로는 자신을 충분히 인정하고 믿어 주지 않는 세상을 원망하기도 했다고 고백합니다.

프로이트가 살았던 시대는 문명의 진보와 함께 인간의 이성에 대한 확신이 팽배했던 때입니다. 하지만 프로이트가 보기에 이성에 대한 믿음은 위험한 것이었습니다. 그는 당시 히스테리 환자들을 치료하면서 인간 정신에 어두운 부분이 있다는 데 주목합니다. 그 유명한 '무의식'을 발견한 것입니다.

프로이트는 무의식이라는 개념을 토대로 '정신 분석'이라는 학문을 체계화하였습니다. 물론 이 과정에서 조금 모순되는 행보를 보이기도 합니다. 이성의 균열을 드러낸 무의식을 발견했으면서도, 정신 분석이라는 학문을 체계화할 때만큼은 누구보다 이성에 대한 확신을 버리지 않았거든요. 이러한 태도 때문에 때때로 그는 비판의 대상이 되기도 합니다. 하지만 이러한 모순은 연구 분야의 특수성 때문에 생긴 일이기도 합니다. 따라서 단순히 결함이라고 섣불리 단정 짓기보다는, 그의 연구가 가진 의미를 더욱 넓은 맥락에서 보는 것이 중요합니다.

실제로 프로이트가 남긴 영향은 매우 광범위합니다. 오늘날 우리는 프로이트 덕분에 신체적으로 이상이 없어도 마음의 병이 생길 수 있다는 것을 알게 되었지요. 또한 심리학이나 정신 의학과 같은 학문 역시 프로이트 이래로 체계화되었습니다. 그뿐인가요? 프로이트의 영향력은 철학, 예술, 문학 등 다양한 분야에서 발견할 수 있습니다.

프로이트는 무의식이라는 개념을 통해 인간에게는 자기 자신도 모르는 의식의 영역이 있다고 주장했습니다. 그리고 이 무의식을 이해하는 통로를 개척하는 데 꿈이 절대적인 역할을 하지요. 프로이트는 저작《꿈의 해석》에서 꿈을 통해 무의식의 심연에 접근하고자 합니다. 꿈 이외에도 말실수, 농담, 히스테리 환자와의 대화 등 다양한 대상을 통해 무의식을 연구합니다.

프로이트의 이러한 작업은 19세기 말에서 20세기 초에 진행되었습니다. 그의 연구는 처음 시작될 때부터 늘 논란의 한가운데에 있었습니다. 생소한 정신 분석학 용어가 불러일으킨 오해도 오해이거니와, 인간의 성(性)이라는 금기를 다룬다는 이유로 편견의 대상이 되기도 했습니다. 하지만 오늘날 프로이트가 고안한 정신 분석 개념들은 어느덧 일상생활에서도 자주 사용하는 말이 되었습니다.

그렇다고 우리가 프로이트의 사상을 제대로 이해한다고 말하기는 어렵습니다. 프로이트의 사상 자체가 가진 심오함에 더해, 그가 남긴 저술의 양이 상당하므로 무엇부터 읽어야 할지 난감한 것이 사실입니다. 낯선 전문 용어도 처음 프로이트를 접하는 사람들을 힘들게 합니다. 그런 이유로 이 책은 청소년이 프로이트 사상의 핵심이라고 할 만한 개념에 쉽게 접근할 수 있도록 철학 소설이라는 형식으로 썼습니다.

이 소설의 주인공 한수는 고민이 있습니다. 시험 때만 되면 배가 아프고, 긴장하면 말을 더듬습니다. 그런데 병원에 가면 별 이상이 없다고 합니다. 내가 무얼 잘하는지, 장래에 무엇을 하고 싶은지 잘 모르겠다는 것도 큰 고민이지요. 아빠가 말하는 공무원이나 회사원은 되기 싫은데, 그렇다고 딱히 하고 싶은 것도 없습니다.

이런 한수의 모습은 어떤가요? 여러분의 모습과 비슷하지 않은가요? 사실 이런 고민을 꼭 청소년만 하는 것은 아닙니다. 대학생도, 이미 직장을 다니고 있는 어른도 자기가 뭘 좋아하는지 모르고 앞으로 어떻게 살아야 하는지 막막하기는 마찬가지입니다. 그래서 마음의 병을 앓는 사람이 많지요. 외로움과 막막함을 떨치기 위해 친구와 수다를 떨기도 하고, 스트레스를 해소하기 위해 열심히 운동을 해 보기도 합니다.

프로이트라면 어떻게 했을까요? 그는 고민에 빠진 한수에게 자기 마음을 찬찬히 들여다볼 것을 권합니다. 무엇을 두려워하는지, 어떤 욕망을 억누르고 있는지를 자신의 꿈과 생각과 실수를 들여다보면서 과감히 알려고 하는 일이 얼마나 중요한지 말하지요. 하지만 혼자서 생각만 해서는 마음속을 제대로 들여다보기 어렵습니다. 우리가 프로이트의 글을, 그리고 고전이라고 알려진 책을 공부해야 하는 이유가 여기에 있습니다. 이 책이 여러분이 프로이트의 생각을 만날 수 있는 출발점이 되기를 기대합니다.

추신 : 프로이트의 사상은 100여 년 전 오스트리아 빈이라는, 급격한 문명의 발전으로 빛과 그림자가 공존하는 공간에서 시대와 대결하며 만들어진 것입니다. 이 책의 주인공 한수는 100여 년 전 빈으로 시간 여행을 떠납니다.

이 책에 등장하는 프로이트와 다른 인물들의 이야기는 실제 있었던 일을 모델로 만들었지만, 이해를 돕기 위해 재구성한 것이기 때문에 역사적인 사실과 차이 나는 부분이 있습니다. 이 책을 읽고 난 후 프로이트의 책을 직접 읽으면서, 등장하는 인물들이 실제 프로이트와 어떻게 만나고 어떤 이야기를 만들어 내는지 찾아보는 재미도 느껴 보기 바랍니다.

봄의 길목에서

문화

프롤로그

"자, 다음 3조."

드디어 내 차례다. 우리 조 아이들은 나한테 기말 수행 평가 발표를 맡겼다. 나에게 왜 이러는 걸까? 낯선 사람들 앞에서 말을 더듬는 내가 앞에 나가 망신당하는 꼴을 보면 즐거운 걸까?

"3조 조장 누구니? 왜 안 나와?"

"한쑤예요!"

아이들이 내 이름을 부르고 웃는다.

"김한수! 왜 안 나와?"

애들은 내가 나가기도 전에 책상을 치면서 웃고 난리다. 나는 몇 번이고 숨을 고르며 앞으로 나갔다. 이번엔 잘할 수 있어. 집에서도 여러 번 연습했으니까. 하지만 결과는 참담했다. 결국, 내 이름조차도 제대로 말할 수 없었다.

"3조…… 조…… 조장 기임…… 한…… 쑤……."

내 이름을 다 말하기도 전에 아이들은 크게 웃었다. 그리고 책이며 연필이며 노트를 나에게 막 집어 던졌다. 아무도 나를 도와주지 않았다. 아무도 더듬거리는 내 목소리를 들어 주지 않았다. 나는 어떻게든 소리를 내 보려고 했다. "제발 그만 좀 해!"라고 말하고 싶었다. 하지만 끝내 입은 열리지 않았고 모두 나를 보고 웃었다. 가장 크게 웃는 사람 얼굴을 보니 아빠였다. 아니 이게 뭐지? 학교에 왜 아빠가 있지? 놀라서 깨 보니 꿈이었다.

또 발표하러 앞에 나갔다가 말을 더듬는 꿈을 꾸었다. 벌써 몇 번이나 이렇게 끝나는 꿈을 꾸는 거지? 이런 꿈을 처음 꾸게 된 건 언제였을까? 초등학교 때만 해도 나는 교내 스피치 대회에서 1등도 하고 노래도 잘하는 그야말로 무대 체질의 아이였다. 그런데 언제부터 이렇게 된 걸까? 나는 무대 앞에 나가는 게 너무나 싫다. 아니 입을 여는 것조차, 내 목소리를 듣는 것 자체가 싫어져 버렸다. 급기야 꼭 해야 할 몇 마디 말도 더듬는 말더듬이가 되어 버렸다.

"한수야, 밥 먹어. 학원 늦겠다."

엄마가 문을 벌컥 열고 들어왔다. 토요일 아침 여덟 시인데 벌써 깨우는 엄마. 토요일 아침마다 스피치 학원에 가라고 성화다. 하지만 나는 오늘 학원에 가지 않을 작정이다. 오늘은 지난주에 연습한 대본을 여러 사람 앞에서 발표하는 날인데 생각만 해도 무섭다. 엄마는 자꾸 사람들 앞에서 연습해야 말을 잘할 수 있다고 하지만 나는 안다. 사람들 앞에서 말하기 연습을 반복하면 할수록 오히려 내 혀는 더 굳어진다는 것을.

"사내놈이 일찍 일찍 일어나지 못해? 이렇게 게을러서야 원."

"한수야, 오늘 스피치 학원 가는 날인 거 알지? 엄마도 모임 때문에 늦으니까 집에 오면 밥 먼저 차려 먹고."

"네."

"사내놈이 목소리가 그게 뭐야? 나 원 참. 밥 먹는 꼬락서니 하고는. 푹푹 뜨지 못해?"

우리 집의 아침은 늘 이렇게 시작된다. 엄마는 늦잠 자는 나를 억지로 깨우고, 아빠는 그런 나를 보고 '사내놈'으로 시작하는 잔소리를 한다. 해병대 출신에다 조기 축구회 회장인 아빠는 만능 스포츠맨이면서 각종 모임 사회를 도맡아 하는 그야말로 동네 스타다. 그런 아빠가 보기에 나는 게으르고 약한 요즘 애들에 불과하다. 게다가 언젠가부터 말까지 더듬으면서 한심하기 짝이 없는 녀석이 되었다. 처음에는 아빠가 남자답지 못하다고 다그치면서 화를 낼 때만 말을 더듬었다. 아빠는 내가 말을 더듬는 이유를 엄마가 너무 약하게 키워서라고 했다.

나는 아빠가 마흔다섯 살에 얻은 귀한 아들이다. 아빠는 내가 태어났을 때 드디어 딸만 셋 있는 집에 사내가 태어났다고 무척 좋아했다고 한다. 그런데 문제는 그렇게 귀한 아들이 아빠의 기대만큼 사내답지 못하다는 것이었다.

일단 외모부터가 그렇다. 엄마가 연애할 때 좋아했다는 숯 검댕이 눈썹에 조기 축구회에서 단련된 장딴지 알통은 아빠의 자부심이었다. 거기에 운동장에서 공이라도 차고 온 날은 어떤가. 시커먼 털 사이로 맺힌 땀을 뚝뚝 떨어뜨리면서 물을 들이켜는 모습은 한눈에 봐도 우락부락한 산적 같았다. 그런 아빠 옆에 서면 나는 왠지 위축되곤 했다. 작고 아담한 엄마를 닮아서일까? 나는 또래 친구들보다 키도 작고, 아직 변성기가 오지 않아 목소리는 여자처럼 가늘다.

아빠는 내가 사내답게 뛰어놀지도 않고 집에 웅크리고만 있어서 그렇다면서 아빠 친구들과 운동하는 곳에 억지로 데려가려고 하지만 내가 좋아하는 것은 따로 있었다.

나는 우리 동네 떠돌이 고양이들을 돌보는 시간이 가장 즐거웠다. 언젠가부터 주인 없는 고양이가 많아졌는데, 지난겨울에는 우리 집 담벼락 밑에서 다리를 다친 새끼 고양이 한 마리를 발견했다. 어미를 잃었는지 혼자였다. 다리를 절룩거리고 털도 빠진 못생긴 고양이. 처음에는 무서워하는 것처럼 보였는데 우유를 줬더니 금방 나를 따랐다. 사람에게 상처를 많이 받은 듯했다. 일단 치료가 필요한 것 같아 동네 동물 병원에 데리고 가서 다친 다리를 치료해 주었다.

엄마 몰래 숨겨 둔 용돈을 털어 치료하고 사료를 주는 사이 고양이는 나를 엄마처럼 따랐다. 치료가 끝난 날 미미라는 이름도 붙여

췄다. 애완동물 키우는 것을 싫어하는 아빠 때문에 미미를 집에 데려오지는 못했다. 대신 미미는 주변 상가 일대를 돌아다니다가도 아침저녁엔 꼭 우리 집 근처에 들렀다. 그러면 엄마 몰래 숨겨 둔 참치 통조림이나 우유 같은 것을 주었다. 밥을 다 먹고 나면 미미는 온종일 어디서 뭘 할까? 집 없이 떠도는 미미가 걱정이 되지만 때로는 부럽기도 했다. 다른 건 몰라도 사내답지 못하다는 잔소리는 안 들어도 될 테니까.

미미 말고도 나를 따르는 동네 고양이가 열 마리는 넘는다. 이건 가족들에게는 비밀이다. 특히 아빠가 알면 사내놈이 뭐 하는 짓이냐고 또 호통을 칠 것이다.

이제는 어디로 갈까? 오늘은 정말 학원에 가기 싫다. 학원에 안 가겠다고 결심은 했지만, 막상 어디로 가야 할지 막막했다. 이럴 때 미미나 불러 볼까? 휘파람을 불자 미미가 집 앞 편의점 쓰레기통 근처에서 쪼르르 나왔다. 밥을 주려고 가방에서 참치 통조림을 꺼내려는데 갑자기 어딘가로 사라졌다. 나는 미미를 부르며 한참을 쫓아갔다. 얼마를 쫓아갔는지 어느새 정신을 차리고 보니 한 번도 와 본 적이 없는 골목이었다. 막다른 골목에 이르러서야 아무래도 길을 잃을 것 같아 다시 되돌아가려는 순간 미미가 나타났다.

"미미야, 그렇게 빨리 가면 어떡해!"

하지만 미미는 말이 끝나기도 전에 막다른 골목에 있는 건물 안으로 쏙 들어가 버렸다. 급한 마음에 미미가 들어간 문을 열고 건물 안으로 들어섰다. 하지만 미미는 보이지 않고 또다시 커다란 문이 하나 있었다. 흔히 볼 수 없는 큼지막한 문이 신기해서 잠시 살펴보는데 문 옆에 작은 팻말이 눈에 띄었다.

베르크가세 19번지

아무래도 길을 잘못 들었다는 생각에 불안해지기 시작했다. 미미만 찾아서 얼른 돌아가려고 큰 문을 힘껏 밀고 안으로 들어갔다.

안으로 한 발짝 들어서자 처음 눈에 들어온 것은 낯선 외국인들이었다. 영화라도 찍는지 모두 복장이 이상했다. 도대체 여기는 어딜까? 그나저나 일단 미미를 찾으려고 이리저리 둘러보기 시작했다. 그때 미미가 상점처럼 보이는 어떤 건물 안 조각상 앞에 앉아 있는 것을 발견했다. 나는 미미를 부르며 그곳으로 들어갔다.

"이리 와, 미미야!"

미미를 불러서 데리고 나가려는데 급한 내 마음을 아는지 모르는지 미미는 야옹 소리를 내며 한 번 울고는 꼼짝하지 않았다. 그때 한 여자가 나에게 차를 권했다. 괜찮다고 말하기도 전에 여자는 벌써 내 손에 잔을 쥐여 주고 가 버렸다. 미미를 찾느라 지치기도 했고 목이 마르던 참이라 일단 마시고 생각하자 싶어 빈 의자에 앉았다. 차를 한 모금 마셨다. 따듯한 기운이 목구멍을 타고 넘어가자 몸이 풀리면서 긴장도 사라졌다. 여기가 어딘지, 내가 이렇게 있어도 되는지 잘 모르겠지만 일단 앉았다. 어차피 따로 갈 곳도 없으니 말이다.

1

프로이트 박사님

베르크가세
19번지

"저는 오스만이라고 합니다. 올해 대학에 들어갔어요. 그런데 사람이 많은 곳에 가면 자꾸 환청이 들려요. 병원에서 검사해도 아무 이상이 없다고 하는데 귀에서 뭔가 들려요. 심할 때는 그 소리 말고는 아무 소리도 들리지 않아요."

옆에 있는 사람이 말을 이어 갔다.

"그렇군요. 저는 평소에는 괜찮은데 옷 가게 앞에만 가면 가슴이 답답하고 공포를 느낍니다. 한번은 기절한 적도 있고요. 그래서 의사 에게 진료를 받았는데 저 역시도 아무 이상 없으니 상상을 그만하라 고 하더군요."

"맞아요. 빈의 의사들은 우리의 고통을 이해하지 못해요."

"이곳에 오기 전에 얼마나 많은 의사를 만났는지 몰라요. 하지만 그들 중 누구도 제 고통에 대해 들어 주지 않았어요. 심지어 제가 소 설을 너무 많이 읽어서 공상에 빠져 있다고 했다니까요."

"그러게요. 제 아들도 군에 입대하자마자 악몽을 꾸기 시작했는데 이제는 잘 먹지도 못해요. 얼마나 여러 의사에게 보여 줬는지 몰라요. 하지만 모두 제 아들이 꾸며 낸 병이라고 하더라고요."

귀에서 환청이 들린다는 남자를 시작으로 모두 자기 이야기를 하고 있었다. 회사에만 가면 배가 아프다는 남자, 멀쩡한 다리가 아프다고 학교에 안 가는 아들 때문에 속상하다는 아주머니, 의사들이 자신이 아픈 걸 몰라 준다고 투덜대는 아저씨까지 겉으로는 멀쩡해 보이는데 아프다는 이야기를 하고 있었다.

도대체 여기가 어디인지 몰라 불안하게 두리번거리는 내 모습이 신경 쓰였는지 자신을 대학생이라고 소개했던 오스만 형이 나를 쳐다봤다. 눈이 마주치고 잠시 정적이 흐른 후에 나는 용기를 내어 물었다.

"저기, 그런데 다들 여기 모여서 뭐 하시는 거예요?"

"뭐 하긴? 여기는 프로이트 박사님의 진료실이잖아."

나는 깜짝 놀라 대답했다.

"네? 프로이트 박사님이요?"

그 순간 안쪽 문이 열리면서 수염 난 아저씨가 나와 인사를 하고 다시 들어갔다. 앉아 있는 우리에게 잠시만 기다리라는 저 남자가 프로이트 박사님이란 말인가? 프로이트 박사님이라면 교과서에서 한 번 본 이름인데 어떻게 내 눈앞에 있는 거지? 이거 영화 촬영인가? 아닌데? 아무리 둘러봐도 카메라는 없었다.

"그런데 넌 여기 어떻게 왔니?"

"아, 저는 고양이를 따라왔는데요."

"하하하. 고양이를 따라왔다고?"

"네. 그런데 여기가 어디죠? 저기…… 오늘이 며칠인가요?"

"뭐? 여기가 어딘지도 모르고 왔단 말이야? 여기는 오스트리아 빈 베르크가세 19번지 프로이트 박사님의 진료실이지. 오늘은 1912년 5월 13일이고 말이야."

"네? 지금이 1912년이라고요?"

나는 미미를 찾으러 왔을 뿐인데 뭔가 잘못되어도 한참 잘못됐다는 사실을 깨달았다. 여기가 대한민국이 아니라 진짜 오스트리아란 말인가? 대학생이 되면 배낭여행을 떠나고 싶었던 그 유럽에 지금 와 있다고? 그냥 유럽도 아니고 1912년의 유럽이라니. 도저히 이해가 안 되는 이 상황을 이해해 보려고 머리를 쥐어짜는 순간 또 다른 여자가 나에게 말을 걸었다.

"그런데 학생은 여기 왜 온 거야?"

"네? 저도 뭐가 뭔지 잘 모르겠어요. 저는 왜 여기에 온 걸까요?"

"하하하. 그걸 나한테 물으면 어떡해. 학생 정말 어디서 온 거야? 옷이 특이한 게 여기 사람은 아닌 거 같은데. 이름은 뭐야?"

모두 신기한 듯 나만 쳐다보고 있었다. 그러고 보니 다들 정장 차림에 모자와 장갑까지 착용하고 한껏 멋을 냈다. 특히 여자들은 꼭

끼는 드레스를 입고 있었는데, 허리 부분은 개미처럼 잘록하고 치마
는 발끝을 덮을 만큼 엄청 길었다. 남자들 역시 조끼에 목까지 올라
오는 셔츠를 단정하게 입고 있었다. 특히 오스만 형은 슈트를 입은
모양새가 패션 잡지에 나오는 배우처럼 근사했다. 그런데 나만 티셔
츠에 청바지, 운동화 차림이었다.

어쨌든 이름을 물어봤으니 내 소개를 하긴 해야 하는데 갑자기
너무 부끄러웠다. 그리고 이름을 말하려고 입을 여는 순간 나의 가장
치명적인 문제가 들통나 버렸다.

"저…… 저는 기임…… 한쑤입니다. 서우…… 울에서 왔고요. 제
가 마…… 말이 잘 안 나와…… 서……."

처음 본 사람들 앞에서 말을 더듬었으니 이제 모두 킥킥대고 웃
을 거라 생각했다. 나는 눈을 질끈 감았다. 그런데 내 예상과는 달리
너무 조용했다.

"반가워요, 한수 군."

"우리도 다 비슷해요. 여기 모인 사람들은 의사들도 포기한 사람
들이에요. 하하하."

"의사들이 무능한 거죠. 프로이트 박사님 덕분에 저는 다 나은
것 같아요."

"그래, 마리 양은 잘됐군. 어쨌든 우리는 사람들이 잘 이해하지
못하는 병 때문에 고생을 좀 하고 있지. 그래서 프로이트 박사님의

진료실에 찾아온 거고."

　말끔한 양복 차림의 오스만 형이 나에게 진료실에 대해 설명해주었다. 하지만 여전히 잘 이해되지 않았고 프로이트 박사님의 진료실에 와 있다는 사실이 믿기지 않았다. 제발 학원 안 가고 살 순 없나 생각했더니 내 소원을 하늘이 들어주신 걸까?

　그때 그라프 아저씨란 분이 나한테 다가왔다.

　"학생, 다음이 내 차례인데 같이 들어갈래? 난 우리 아들 때문에 여기 찾아온 거라서 말이지. 궁금하면 내가 상담받는 걸 봐도 된단다."

　"그래도 되나요?"

　"응. 내가 진료받는 것도 아니니까."

　나는 그라프 아저씨와 프로이트 박사님의 진료실로 들어갔다. 방에 들어가자 프로이트 박사님과 자신을 브롬이라고 소개하는 또 다른 박사님이 함께 앉아 있었다.

　그라프 아저씨는 자리에 앉자마자 프로이트 박사님에게 아들에 대한 고민을 털어놓았다. 그는 다섯 살 난 아들이 이상한 공상을 늘어놓는 데다 밖에 나가려고 하지를 않는다고 했다. 특히 세 살 어린 여동생이 태어난 후로 증상[1]이 더 심해졌다고 했다. 엄마가 여동생에게 우유를 줄 때마다 훼방을 놓고, 엄마가 잠깐 자리를 비우기라도 하면 여동생을 때리기도 한다고 했다.

심각한 표정으로 한참을 그라프 아저씨의 이야기를 듣던 브롬 박사님이 아저씨의 말이 끝나자 먼저 말을 꺼냈다.

"아드님을 직접 만나 봐야겠군요. 다음엔 진료실로 함께 오시지요?"

"그게…… 사실 아내가 반대해서 오늘도 몰래 온 겁니다. 한스가 밖에 나오는 것을 워낙 겁내니 저 역시 걱정이 이만저만이 아닙니다."

"하지만 그냥 두면 병이 더 심해질지도 모릅니다."

"저도 그게 걱정됩니다. 그런데 한스가…… 다른 애들도 그러는지 모르겠는데, 이상한 질문을 합니다."

"이상한 질문이요?

"네. 한 달 전쯤 여동생이 어디서 나왔냐고 대뜸 묻는 겁니다."

"그래서요? 어떻게 대답해 주셨지요?"

"뭐 흔히들 하는 말 있지 않습니까. 황새가 물어 왔다고 했지요."

"그랬더니요?"

"그때부터 이 녀석이 막 거짓말을 하더군요. 황새가 동생을 데리고 온 것을 자기가 봤다느니, 심지어 여동생 옆에 앉아서 '너는 황새가 데리고 왔어. 난 황새가 너를 낳는 것도 봤어.' 이렇게 말하는데 어찌나 소름이 끼치던지. 그러고는 저를 보고 웃더라고요. 마치 제가 거짓말한 것을 안다는 표정으로요. 설마 그럴 리야 없겠지만요."

그때 가만히 듣고 있던 프로이트 박사님이 입을 열었다.

"지금까지로 봐선 한스에게 말 못할 고민이 있을 거라는 생각이 드는군요."

"네? 고민이요? 한스가 얼마나 착한데요. 말씀드린 대로 좀 이상한 질문을 해서 그렇지 정말 착한 아이입니다. 어린아이답지 않게 예의도 바르고요."

아들 이름이 한스라고? 나는 무척 신기했다. 한수라는 내 이름과 너무 비슷했기 때문이다. 이런 우연이 또 있을까 싶었다. 솔직하게 이야기하느라 힘이 들었는지 그라프 아저씨는 주머니에서 손수건을 꺼내 땀이 맺힌 이마를 닦았다. 그리고 다시 입을 열기 시작했다.

"사실 가장 큰 문제는 한스가 밖에 안 나가려고 하는 겁니다. 사실 오늘 박사님께 찾아온 건 이 증상이 점점 심해져서예요. 언젠가 애랑 같이 길을 걷는데 마차가 지나가는 것을 보고도 깜짝 놀라더라고요."

아저씨의 이야기를 듣다 보니 한스란 아이가 참 맹랑하단 생각이 들었다. 아빠한테 그런 걸 직접 물어보다니. 나도 어릴 적에 아기는 어디서 나오는지 질문한 적이 있었다. 그때 엄마는 뭐라고 했더라. 학교에서 배울 거니까 기다리라고 했던가? 어설프게 말을 얼버무렸던 것 같다. 물론 아빠한텐 엄두도 못 냈다. 아빠는 너무 무서우니까 한스처럼 했다가는 당장 큰소리가 났을지도 모르겠다.

그런데 어른들도 좀 웃기다. 사실 한스가 그런 질문을 하는 건 별 것 아니다. 원래 애들은 어른들이 생각하는 것보다 성(性)에 대해 훨씬 호기심이 많다. 어른들은 아이들이 엄청 순진한 줄로만 안다. 이 것을 얘기해 줄까 싶어 대화에 끼어들까 하다가 그만두었다.

한스란 애도 참 안됐구나. 어린애가 밖에 안 나가고 집에서만 있으려는 건 무슨 이유일까? 엄마 뒤를 졸졸 따라다니면 또래 남자애들은 꼭 뭐라고 놀리는데. 나도 엄마 손을 잡고 다닌다고 어릴 때 친구들이 놀렸던 기억이 난다. 그때 무지 창피했는데 말이다. 한스도 그렇게 집에만 있으면 친구들한테 놀림당하고 상처받을 텐데. 이 한수 형님이 충고 좀 해 줘야 하나?

그라프 아저씨의 말을 듣다 보니 엄마 생각이 났다. 나도 엄마를 따라 얼마나 많은 병원에 찾아갔는지 모른다. 삼대독자인 내가 갑자기 말을 어눌하게 하자 아빠는 또 사내답지 못하게 군다고 화를 냈지만, 시간이 지나면서 증상이 점점 심해지자 모두 걱정하기 시작했다. 그래서 한동안 할머니랑 엄마는 나를 끌고 소문난 병원이며 한의원이며 여기저기 쫓아다녔다.

의사들의 말은 매번 같았다. 아무 이상도 없다고. 특히나 어릴 때 아무 이상 없다가 갑자기 청소년기에 말을 더듬는 경우란 거의 없다면서 마음을 편하게 먹으라고 했다. 모두 스트레스 때문일 거라고 했지만, 특별히 스트레스 받을 만한 일이 없는 나에게 그 충고는 별로

도움이 되지 않았다. 말을 더듬는 게 가장 스트레스인데, 도대체 어떻게 스트레스를 줄이라는 것일까? 스트레스를 줄이라는 의사의 충고는 엄마도 나도 이해할 수 없었다.

그라프 아저씨가 진료실을 떠나고도 진료는 계속되었다. 그사이 미미와 함께 대기실에서 장난을 치며 환자들의 이야기를 들을 수 있었다. 모두 몸에는 이상이 없는데 아프다고 하는 사람이 대부분이었다. 나랑 비슷한 증상을 가진 사람도 있었다. 그렇다면 나도 프로이트 박사님한테 상담을 청해 봐야겠다는 생각이 들었다. 교과서에서 배웠던 아주 훌륭한 분을 이렇게 만났으니 기회를 놓쳐서는 안 된다는 생각에 갑자기 용기가 생겼다.

점심때가 되어서야 진료가 끝났다. 나는 박사님과 상담할 수 있을까 싶어 진료실 문을 두드렸다. 들어오라는 소리에 문을 열었는데, 언제 그렇게 모였는지 프로이트 박사님 말고도 많은 신사들이 있었다.

브롬 박사님에게 물었더니 프로이트 박사님이 주도하는 '수요 심리학회'[2]라는 모임에 참석한 사람들이라고 했다.

"지금 빈에는 히스테리[3] 환자가 너무나 많습니다."

"맞습니다. 그런데 환자들이 적절하게 치료받기가 어려워요. 일단 히스테리라는 증상에 대해 이해가 너무 부족합니다."

"제일 어려운 게 아무래도 남성 히스테리가 아닐까 싶습니다. 일단 환자들이 자기 증상을 솔직하게 말하지 않아요."

"맞아요. 제가 남성 히스테리를 주장했을 때도 의사들이 좀처럼 수긍하려 들지 않았지요."

프로이트 박사님이 고개를 끄덕이면서 말했다.

"그러게요. 왜들 그렇게 위선적인지. 환자는 엄연히 아픈데도 아프지 않다고 하고, 환자를 눈앞에 데리고 와도 못 믿겠다고 하고."

계속 듣고 있던 브롬 박사님이 남성 히스테리 환자 때문에 고민이라는 의사의 말에 안타깝다는 듯이 한탄했다.

"그건 의학을 공부하는 사람으로서 도리가 아니라고 생각합니다. 프로이트 박사님의 연구에 대해 들어 보려고 하지도 않고 모임에서 제명해 버렸으니, 빈의 의학계도 참 문제입니다."

히스테리는 우리 누나들이나 부리는 건 줄 알았는데 남자도 걸리는 병이라는 건가? 그런데 그게 왜 중요하지? 궁금한 게 많아졌다. 이번 기회에 프로이트 박사님께 궁금한 걸 물어보고 싶어 용기를 내 손을 들었다.

"저, 박사님. 그런데 히스테리가 정확하게 뭔가요? 전 그렇게 심각한 병이라 생각한 적은 없는데요?"

"한수라고 했지? 혹시 별다른 이유 없이 몸이 아프다거나 불편했던 적이 있니?"

갑자기 질문을 받아 당황스러웠지만, 기왕 이렇게 된 거 솔직하게 대답해야겠다고 생각했다. 그래서 말을 더듬거려서 당황했던 경험을 말했다. 분명히 무슨 말을 해야 할지 머릿속으로는 다 정리가 되었지만 더듬거리면서 나왔던 말들. 생각한 단어들이 혀끝에서 맴돌다가 이상한 소리를 만들었던 경험, 그리고 가끔은 쉽고 단순한 말조차 할 수 없는 순간들. 그뿐인가. 집에서 시험공부를 할 때는 괜찮았는데 이상하게 학교에 가서 진짜 시험을 치르려고 하면 갑자기 배가 아팠던 경험까지. 물론 의사는 아무 이상이 없다고 진단했다는 이야기도 덧붙였다. 정신을 차리고 보니 부끄러운 경험을 처음 본 사람들 앞에서 더듬지도 않고 말하고 있었다.

이야기를 끝까지 듣고 난 후 프로이트 박사님은 껄껄 웃으며 말하기 시작했다.

"한수 군, 자네가 지금까지 이야기했듯이 히스테리란 쉽게 말하면 마음의 병이지. 아픈 마음이 신체적인 증상으로 나타났다고 생각하면 돼. 히스테리 환자에게 나타나는 증상으로는 마비, 경련, 몽유병, 환각, 실어증, 감각 상실 혹은 기억 상실 등 아주 많아."

프로이트 박사님의 이야기를 듣다 보니 이제야 좀 알 것 같았다. 마음에 문제가 생겨서 그게 신체적으로 드러난 것이 히스테리라는 거구나. 그럼 내가 겪는 증상도 히스테리일까? 학교에서 발표할 때 말을 더듬는 것도, 책상 앞에만 앉으면 배가 아픈 것도 마음의 병 때문일까?

"그런데 박사님. 마음은 눈에 보이지 않는데 어떻게 아픈 걸 증명할 수 있나요?"

"좋은 질문을 해 주었구나. 한수 군의 말처럼 보이지 않기 때문에 쉽지 않지. 쉽지 않으니 여기 모인 우리가 연구를 계속해야 하고. 나는 히스테리 환자를 치료하면서 심리 연구를 보다 전문적으로 할 필요를 느꼈네. 그래서 심리를 분석하는 '정신 분석'[4]이라는 학문을 체계화하기 위해 연구하고 있어."

프로이트 박사님은 심리에 대해서 연구한다고 했다. 그러니까 마음, 정신, 심리, 이렇게 눈에 안 보이는 것을 연구한다는 것이었다. 박사님뿐만 아니라 여기 모인 사람들 모두 그렇다고 했다. 갑자기 이 사람들한테 내 속마음을 전부 들킬 것만 같아 왠지 으스스한 기분이 들었다. 마지막으로 정말 궁금한 게 있어서 다시 박사님에게 질문했다.

"박사님, 그런데 왜 마음이 아픈 걸까요?"

"좀 더 긴 설명이 필요하겠지만 오늘은 간단하게 하고 마쳐야겠구나. 이렇게 말하면 위안이 될지 모르겠지만, 사실 나도 예외가 아니야. 나도 마음의 병이 있어. 게다가 우리 모두 다 마음의 병을 가지고 있다고 생각한단다."

"프로이트 박사님도 우리처럼 아프다고요?"

"물론이야. 아픈 거로 하자면 누구도 따라오지 못할 거네. 사실 내가 신경증을 연구하게 된 계기도, 이 연구를 바탕으로 정신 분석학이라는 학문을 체계화하게 된 것도 모두 내가 경험했던 증상과 관련이 있지."

아니 뭐라고? 우리가 다 마음의 병이 있다고? 그럼 나 말고 아빠도 엄마도 다 아프다는 건가? 아, 점점 모르겠다. 멀쩡해 보이는데 아프다고 말하는 환자들도, 무엇보다 자신도 아프다고 말하는 프로이트 박사님도, 생전 처음 본 외국인들과 내가 말이 너무 잘 통한다는 것도 이상했다. 그뿐만이 아니었다. 박사님의 진료실에 있는 책도 술술 읽혔다. 어떻게 이런 일이 가능할까? 혹시 꿈일까? 허벅지를 꼬집어 봤지만 너무 아파 소리를 지를 뻔했다. 난 그냥 고양이 미미를 따라왔을 뿐인데 뭐가 뭔지 하나도 알 수 없었다.

[1] 의식에 의해 받아들여지지 않은 불쾌한 기억이나 감정은 증상의 형태로 나타난다. 프로이트의 이론에 따르면 히스테리 환자가 보이는 신체 증상은 물론이고 꿈, 환상, 농담, 말실수는 모두 의식에 의해 받아들여지지 않은 것들이 은밀한 방식으로 표현된 것이다.

[2] 프로이트를 중심으로 하여 정신 분석에 관심이 있는 젊은 의사들이 모여 토론했다. 1902년 빈의 베르크가세 19번지 프로이트의 진료실에서 첫 모임을 가졌다. 주요 참석자로 알프레트 아들러, 카를 융, 오토 랑크 등이 있다. 후에 '빈 정신 분석 학회'로 이름을 바꾸어 활동했다.

[3] 심리적 갈등으로 인해 나타난 신체 증상을 말한다. 신체 증상은 매우 다양한데, 발작이나 마비와 같은 지속적인 증상으로 나타나기도 한다. 프로이트는 히스테리의 원인을 정신적 충격에 대한 기억이라고 보았다.

[4] 프로이트가 창설한 학문이다. 한 사람의 실제 말이나 행동 혹은 꿈이나 환상과 같은 상상의 산물을 통해 겉으로 드러나지 않는 무의식에 대해 연구한다. 기존의 학문이 과학의 대상이라고 생각하지 않았던 심리라는 영역을 과학의 영역으로 옮기는 계기가 되었다.

빈을
산책하다

어디선가 누가 싸우는 것처럼 시끄러운 소리가 들렸다. 어제 모임이 끝나고 프로이트 박사님의 소파가 편해 보여 잠깐 누워서 쉰다는 게 잠이 들었나 보다. 소리가 나는 쪽으로 나가 보니 프로이트 박사님과 브롬 박사님이 이야기를 하고 있었다.

"마리가 다시 돌아오다니? 아직도 내 치료가 부족하던 말인가?"

"꼭 자네의 치료가 부족해서라고 생각하고 싶진 않네. 신경증이라는 게 쉽게 고쳐질 수 있는 증상이 아니니까."

"마리의 증상은 어떤가?"

"예전처럼 독일어를 잊어버리기도 하고, 갑자기 발작을 일으키면서 쓰러지기도 한다네."

"그렇다면 다시 분석 치료를 해야 할 텐데……. 그런데 밖은 왜 이렇게 소란스러운 거지?"

"마리의 오빠가 찾아와 소란을 피우고 있네. 마리가 자네한테 진료받는 걸 반대하더군. 자네가 사기꾼에 돈만 뜯어내는 사람이라지

뭔가. 오늘도 절대 안 된다는 걸 내가 겨우 설득해서 여기까지 데리고 오기는 했네만……. 지금 밖에 있는 저 청년일세. 자네가 좀 설득해 보게."

마리라면 내가 첫날 이곳에 왔을 때, 대기실에 있던 동그란 눈을 한 예쁜 누나였다는 사실이 생각났다. 그때는 다 나은 것처럼 보였는데 그렇지 않나 보다. 그러는 사이 마리 누나의 오빠가 막무가내로 들어왔다.

"당신이 프로이트 박사입니까?"

"맞소. 무슨 문제라도 있습니까? 당신 동생 마리가 치료가 필요하다고 들었습니다만."

"됐습니다. 무슨 치료라는 겁니까? 여자애가 집에서 소설책 보다가 공상에 빠진 건데, 무슨 치료를 한다고 그러는지 이해가 안 됩니다."

"말이 심하군요. 당신 동생은 심한 마음의 병을 가지고 있습니다. 그 원인이 뭔지 살펴봐야 합니다."

"당신이 내 누이동생에 대해 뭘 안다고 그러는지 모르겠군요. 집안일입니다. 더는 우리 마리를 상담한다거나 치료한다는 말로 꼬드기지 마십시오."

"마리가 왜 아픈가 했더니 거친 오빠 때문이 아닌가 하는 생각이 드는군요. 당신 동생은 지금 당장 치료가 필요합니다."

하지만 결국 그는 마리 누나를 데리고 가 버렸다. 도대체 이게 무슨 일일까? 무서운 분위기에 아무 말도 못 하고 대기실에 앉아 있는데 프로이트 박사님이 진료실 문을 닫고 나왔다.

"아니, 한수 군? 아직 집에 돌아가지 않았나?"

"네. 집에 어떻게 가야 하는지 모르겠어요."

"그래, 어디서 왔다고? 생긴 것도 그렇고 옷차림도 그렇고 참 특이하구나."

"저는 여기 안 살아요. 왜 여기 왔는지도 모르겠어요. 21세기 대한민국이라는 곳에서 왔다고 하면 믿으실 거예요?"

"뭐라고? 음, 황당한 소리구나. 21세기라니, 내가 만나는 환자들과 비슷한 말을 하는구나. 하하하. 맞는 말이야. 알고 보면 우리는 모두 각자 다른 시간에 살지."

내 말을 듣고 놀랄 줄 알았는데 이게 무슨 말일까? 마음의 병이 있는 사람들을 많이 만나다 보니 이렇게 너그러워진 걸까? 박사님은 뜻밖에도 나를 이상하게 생각하지 않았다.

"네게 뭔가 사정이 있는 거 같은데? 하긴 서로가 하는 말을 다 이해하기란 힘든 법이지. 다른 사람들도 이런 심정인가 보구나. 내가 하는 말을 도통 믿으려 들지 않으니 원. 내가 '당신 누이동생의 마음이 아프다'고 했더니 저렇게 난동을 부리니까 말이다."

"왜요? 마음의 병 때문에 아픈 게 어때서요? 저도 마음의 병이 있는걸요."

"허허, 그래. 아프다고 했지? 어린 학생이 벌써……. 뭐 마음의 병이 나이를 가리는 게 아니지. 우리 도시에 사는 사람들은 다 아프단다. 아프고말고. 어리다고 예외가 있겠니."

"그런데 우리 엄마는 제가 아프다고 하면 안 믿어요."

"그래? 그건 그 동네도 똑같나 보구나. 이 동네도 그렇단다. 이제 그만 산책하러 갈 건데 같이 가겠니?"

"좋아요, 박사님!"

박사님과 함께 문을 열고 나가니 영화에서나 봤던 유럽의 거리가 펼쳐졌다. 언젠가 유럽 여행을 꼭 하고 싶었는데 이렇게 오는구나! 이게 꿈인지 생시인지 구별이 안 되었지만, 빈은 매우 아름다운 도시였다.

극장으로 보이는 큰 건물이 보이고 그 길가로는 카페가 죽 늘어서 있었다. 해가 지면서 어두워지는가 싶었는데 여기저기서 가로등이 켜졌다. 이렇게 낭만적인 거리를 박사님과 걷다니. 뭔가 아쉽기도 하고 지금이 아니면 언제 이런 구경을 해 보나 싶어서 잘 따라다녀야겠다는 생각이 들었다.

"박사님, 여기도 엄청 화려하네요. 서울만큼은 아니지만 정말 멋져요."

"그래? 그렇다면 다행이구나. 여기서 차나 한잔 마실까?"

차를 마시러 들어간 카페는 밖에서 볼 때보다 훨씬 화려했다. 배우처럼 멋지게 치장을 한 여주인이 우리를 맞이했다. 프로이트 박사님이 단골로 오는 곳인가 보다. 떠들썩하게 술을 마시는 사람도 있고, 안쪽에는 피아노를 치는 여자도 있었다. 가슴이 조금 드러나는 화려한 드레스에 나도 모르게 눈이 갔다. 내가 쳐다보는 것을 알았는지 여자가 나를 보고 웃었다. 깜짝 놀랐다. 여자의 피아노 주변에는 술잔을 든 남자들이 빙 둘러 있었다. 얼굴이 빨개진 나를 본 프로이트 박사님은 껄껄 웃었다.

"저 여자는 유명한 가수야. 유명 인사들이 자주 방문하는 곳이지."

그런데 이상하게도 피아노를 치는 여자를 제외하고는 여자 손님은 거의 없어 보였다. 그러고 보니 카페까지 오는 길거리에도 여자는 거의 눈에 띄지 않았다. 이상해서 프로이트 박사님에게 물었다.

"아까부터 느낀 건데 길거리에 남자만 있네요? 여기도 손님은 가수랑 주인 빼곤 다 남자만 있고요. 이 카페는 여자 손님은 못 오는 곳인가 봐요?"

"그런가? 하긴 빈에서 여자들은 밤늦은 시간에 외출도 잘 안 할 뿐더러 낮에도 외출할 때는 가정교사나 어머니, 아니면 남편을 동반하는 게 보통이지."

"왜요?"

"그게 이 시대 유럽 사람들의 도덕이야. 귀부인이라고 할 만한 여자들은 결혼하기 전까지 엄한 교육을 받아. 집에서 가정교사에게 기본적인 학문을 익히고, 음악과 미술 등을 통해 교양을 쌓고, 예절 교육도 엄하게 받지. 그리고 함부로 밖에 나다니는 것은 금지야."

"그럼 여기선 남자 친구도 안 사귀나 봐요?"

"남자 친구? 허허허. 한수 군도 여자 친구 있나 보지?"

"아니요. 친구 중에 여자 친구 없는 애는 아마 저밖에 없을 거예요."

이 아름다운 밤거리를 남자만 즐길 수 있다는 게 불공평하다는 생각이 들었다. 엄마랑 누나들은 밤에 산책하고 커피 마시는 거 엄청 좋아하는데. 지금도 같이 있었다면 이 카페가 딱 자기 스타일이라며 셀카를 찍어 SNS에 올릴 것이다.

그런데 이곳 여자들 옷차림이 참 재밌다. 허리 부분은 잘록하게 조이고 바닥까지 내려오는 치맛자락으로 길바닥을 막 쓸고 다녔다. 프로이트 박사님의 진료실에서 봤던 여자들의 복장도 이랬다. 남자들도 펭귄 꼬리 같은 게 달린 잘록한 양복에 난로 연통처럼 생긴 모자를 쓰고 다녔다.

"그런데 모두 옷을 너무 꽉 끼게 입네요. 다들 안 불편한가요?"

"그게 이 도시의 풍습이라고나 할까. 여기선 여자들의 복장이 매우 엄격해서 말이야. 함부로 몸을 드러내지 않지."

"좀 답답해 보이네요. 제가 사는 곳에서는 상상도 못 할 거예요. 여기보다 옷차림도 다양하고 여자들도 자유롭게 돌아다니거든요. 물론 그렇다고 모든 여자들이 자유롭다고 할 수는 없지만."

"한수 군 말이 맞네. 지금 이 시대가 그래. 여자에게 정숙하라고 말하면서도 남자는 자유분방하게 생활하는 경우가 많아. 모두 온순하고 얌전해 보이지. 하지만 보이는 게 전부가 아니야. 알고 보면 얼마나 위선적인지 몰라. 한수 군도 다 자란 거 같은데 올해 몇 살인가?"

"고 1인데요. 열일곱 살이요."

"그러면 사춘기가 이미 지났으니 알 건 다 알겠군. 얼마 전에도 멀쩡하게 생긴 청년들이 글쎄 공원 으슥한 곳에서 음탕한 낙서를 하는 걸 봤네. 학교, 가정에서 다 큰 청년이나 숙녀에게도 쉬쉬하고 무조건 얌전할 것을 강요하니까 이상하게 비뚤어지는 거 아닌지 모르겠어."

나는 갑자기 얼굴이 빨개졌다. 아니 박사님이 지금 놀리시는 건가? 내 기분을 아는지 모르는지 박사님은 계속 말을 이어 갔다.

"사실 아까 마리만 해도 매우 똑똑하고 재능 있는 친구야. 그런데 집에만 가두어 두고 제멋대로 결혼을 시키려고 하니까 아픈 거지. 모두 그녀를 억압하는 가족의 분위기 때문이지. 자유롭게 사람도 만나고 경험도 쌓는다면 더는 아프지 않을 거라고 보네."

"박사님 이야기를 들으니까 너무 우울하네요. 사실 제가 사는 동네도 그래요. 엄마는 맨날 학원만 가라고 하고 저의 자유는 안중에도 없어요. 그래서 책상 앞에만 앉으면 배가 아픈가 봐요. 그런데 엄마랑 아빠는 제 말을 잘 안 믿어 줘요. 꾀병이라고도 하고요."

박사님은 내가 하는 말을 차분하게 들어 주었다. 이런 기분은 정말 오랜만이었다. 누구한테 어디가 아프다고 이야기한 적이 얼마나 오랜만인지. 엄마 아빠는 내 말을 들을 시간도 없다. 처음에는 걱정하는 눈치더니 점점 '얘가 또 왜 이러나.' 하는 표정이라 이제 말도 잘 안 나온다. 어디 엄살 피울 곳도 없는 외로운 고등학생. 그런데 박사님은 다른 의사들과 달리 내 이야기를 잘 들어 주었다.

"내가 주로 연구하는 환자가 바로 한수 군처럼 말하는 사람이네. 왜 아픈지 잘 모르겠는데 아픈 사람, 가족이나 의사한테서 이해받지 못하는 환자들 말이야. 몸에 이상은 없는데 마음에 병이 생긴 경우거든. 히스테리처럼 신체 일부가 아프기도 하고, 몸은 괜찮은데 불안을 느낀다든가 신경이 너무 쇠약해진다든가 여러 가지 증상이 있어. 우리는 이걸 모두 통틀어서 신경증이라 부르지."

마음의 병, 신경증이 뭔지 정확하게는 모르겠지만, 아픈 사람의 말을 들어 주지 않는 것은 정말 괴로운 일이다. 나도 아파 봐서 잘 안다. 그런데 이 병이 이렇게 옛날부터 있었다니 놀라웠다. 100년이 지난 지금도 나 같은 사람들의 고통을 몰라 준다니 야속하기도 했다.

"그런데 박사님, 왜 마음에 병이 생기는 건가요? 제가 특별히 잘못한 것도 없는데 이상해요."

"허허허. 억울한가 보구나."

"네, 정말 억울해요. 다들 즐거운데 저만 선생님께 혼나고…… 부모님도 제가 아프다고 하면 꾀병이라고 하고."

"그게 사실은 한수 군만 히스테리가 있다거나 마음에 병이 났다고 할 순 없어. 정도의 차이는 있지만 우리 모두 마음의 병을 가지고 있지. 지난번에 말했잖니. 나 역시도 신경증에는 예외가 아니란다."

박사님은 말을 하면서 수염을 만지작거렸다.

"한수 군은 배가 고프면 잘 견디는 편인가?"

"아니요, 잘 못 견뎌요."

"그래. 그런데 학교 다니고 사회에 적응하면서 점차 식욕을 조절할 수 있지. 학교에서 수업 시간에 배고프다고 수업 듣다 말고 나가진 않으니까 말이네."

"네, 그렇죠."

"어른이 된다는 것은 그런 거란다. 일차적으로는 먹고 마시고 배설하는 기초적인 욕구[5]를 조절할 줄 알아야 하지. 그리고 사회가 허용하는 법과 질서는 물론이고 도덕을 지켜야 하고 말이야.[6] 그런데 이렇게 사회의 법칙을 배우는 과정에서 사람에 따라 마음에 문제가 생기기도 해. 마음의 병은 사회에 적응하는 과정에서 누구나 겪을 수 있는 갈등의 하나라고 할 수 있지."

"정말요? 그런데 왜 다들 아무렇지 않아 보이죠? 저는 저만 아픈 줄 알았는데요?"

"그건 한수 군이 아직은 순수해서일지도 몰라. 어떤 어른들은 자기가 아픈데도 아프지 않다고 말하기도 하고, 내 가족이 아픈 걸 알면서도 모르는 척할 정도로 위선을 떠니까 문제란다."

잠시 생각에 잠겨 있던 박사님은 우울한 표정으로 찻잔을 내려놓으며 물었다.

"오늘 나랑 빈을 걸었는데 어떤가? 도시가 마음에 드나?"

저 멀리 보이는 오페라 하우스의 불빛, 고풍스러우면서도 세련된 집, 가끔 보이는 배우들, 클래식한 자동차까지 마음에 들고 말고다. 여기서 계속 살고 싶다는 생각도 들었다. 그렇다고 마냥 좋다고 하기에는 자존심 상할 것 같아서 망설이고 있는데 프로이트 박사님이 다시 말을 시작했다.

"한수 군이 아까 말했지. 여기가 생각보다 화려하고 멋지다고. 사람들도 예의 있어 보인다고 말이야."

"네. 좀 답답해 보이지만 어쨌든 제가 사는 곳보다 교양 있어 보이는 건 사실이에요."

"그래, 그럴지도 모르지. 한수 군 말대로 이 도시가 화려하고 잘

사는 거로 보이는 것도 맞지. 그런데 이 도시 사람들이 정말 행복할까?"

박사님이 왜 이렇게 어려운 걸 묻나 싶어서 당황스러웠다. 내 행복도 모르겠는데 다른 사람들의 행복이라니. 박사님은 왜 이렇게 진지할까?

"난 행복하다고 생각하지 않네. 사실 이 도시는 지난 몇 년 사이에 문명이 엄청나게 발전했지. 전화, 전신, 기차가 발명되었어. 그래서 우리는 얼굴도 볼 수 없는 멀리 떨어진 사람의 목소리를 듣고, 이렇게 밤거리를 환하게 밝히기도 하지. 하지만 그게 전부일까? 이걸로 우리가 모든 것을 다 알게 되었다고 말할 수 있을까?"

이럴 때는 어떻게 해야 하지? 고개를 끄덕여야 하나? 진지한 분위기에 적응을 못 하고 있는데 박사님이 다시 말을 이었다.

"한수 군은 아직 늦지 않았네. 자네 같은 청소년은 체면 때문에 진실을 포기해선 안 된다고. 문명 속에 살다 보면 어느 정도 자신의 자유를 억압하는 게 어쩔 수 없을 수도 있지만, 그래도 이 거리에 있는 대부분의 사람처럼 위선을 떨어선 안 되네."

고개를 끄덕이기는 했지만 잘 모르겠다. 자유를 억압하는 것으로 치면 21세기 대한민국이 최고 아닐까 싶은데 말이다. 프로이트 박사님도 내가 사는 곳에 온다면 매우 놀라겠지? 마음의 병이 뭔지 아직은 잘 모르겠지만 문득 학교 친구들이 떠올랐다. 우리는 부모님이

나 선생님이 시키는 대로 매일 학교에서 학원으로, 다시 집으로 거의 온종일 책상 앞에 앉아 있다. 몸도 마음도 고되고 아플 때가 많지만 그래도 참아야 한다고 배운다. 아니면 나처럼 아픈 걸 아무도 몰라주거나. 하긴 학생들만 그런가. 어른들도 마찬가지인 것 같다.

그나저나 이제 어떻게 해야 할까? 당장 집에 가는 길을 잃어버렸으니 말이다. 분명 어떤 큰 철문을 열고 들어왔더니 프로이트 박사님의 진료실이 나왔는데, 그 문은 다시 보이지 않는다. 미미는 나를 여기에 데리고 오고선 사라져 버렸다. 벌써 유럽의 다른 고양이 친구들을 사귄 건가? 그렇다면 나도 미미가 다시 우리 집에 가는 길을 찾아줄 때까지 기다려야 하는 걸까?

[5] 쾌락의 원리에 지배되는 무의식의 영역으로, 성욕과 같은 원시적 욕구를 말한다. 어린아이의 본능적 욕구 등이 이에 속한다.

[6] 자아는 현실을 고려하는 현실 원칙에 지배된다. 어린아이는 결국 외부의 현실에 적응하여 자신의 욕구를 포기한다.

3

나도 모르는
내 마음

진료실이 있는 건물 2층에는 프로이트 박사님의 가족이 살고 있었다. 박사님의 배려로 당분간 이곳에서 지내게 되었고, 박사님의 가족과 함께 식사도 할 수 있었다. 오늘도 2층에서 저녁을 먹고 산책이나 할까 해서 내려가는데 진료실에 불이 켜져 있었다. 시간도 많이 늦었는데 박사님은 뭘 하는 걸까? 궁금해서 문을 열었더니 진료실 책장을 등지고 서 있는 박사님의 모습이 보였다. 그리고 그런 박사님을 향해 앉아 있는 사람들이 보였다. 이 시간에 여기 모여서 뭘 하는 거지? 궁금한 마음에 들어가도 될까 망설이는 찰나 박사님은 괜찮다는 듯이 날 보고 눈짓을 했다. 조용히 들어가 한쪽 구석에 앉았다.

"오늘은 나도 모르는 내 마음에 관해 이야기해 봐야겠군요."

도대체 이건 또 무슨 소리일까? 오스만 형과 함께 온 대학생 정도 되어 보이는 사람들이 진지한 표정으로 앉아 있었다.

"우리 인간과 동물이 어떤 점에서 다르다고 생각하나요?"

"이성이요."

오스만 형이 자신 있게 말했다.

"맞습니다. 인간에게는 이성이 있다고 하지요. 그런데 우리는 정말 늘 이성적으로 행동하고 이성만으로 모든 것을 판단한다고 단정할 수 있을까요?"

갑자기 할 말이 없었다. 그런가? 그런 것 같기도 하고 아닌 것 같기도 했다. 모두 비슷한 생각인지 조용했다.

"데카르트[7]라면 인간의 이성에 대해 확신했겠지요. '나는 생각한다. 그러므로 나는 존재한다.'라는 명제 이후로 많은 사람이 인간의 이성에 대해 확신했습니다. 하지만 지금 이 사회를 한번 보십시오. 인간이 이성만으로 모든 것을 판단할 수 있다고 말할 수 있을까요?"

프로이트 박사님은 질문을 던지고 우리를 한 번 둘러본 뒤 다시 이야기를 시작했다.

"좀 더 쉽게 말해 볼까요? 우리가 의식이라고 말하는 부분이 있죠. 이 의식이 우리가 느끼고 생각하는 모든 것을 다 주관하고 있을까요? 인간이 하는 행동이 모두 이 의식에 따른 것이라 할 수 있을까요?"

고개를 갸우뚱하고 있는데 프로이트 박사님이 나를 지목했다.

"한수 군은 어떤가? 가끔 말실수할 때 뭐라고 하지? 아니면 누군가 여기에 어떻게 오게 되었냐고 물어보면 뭐라고 대답할 거 같은가?"

나는 엉겁결에 대답했다.

"'나도 모르게……'라고 말할 것 같아요. 사실 여기 온 이유도 잘 모르겠어요. 어쩌다 제가 여기 왔는지."

내가 대답하자 조그맣게 웃는 소리가 들렸다. 쳇, 뭐야. 형들은 다 알고 행동하나? 약간 약이 올랐다. 하지만 그런 내 기분에도 아랑곳하지 않고 프로이트 박사님은 내 대답에 바로 맞장구를 쳤다.

"네, 맞습니다. 우리는 평소에 '나도 모르게 한 말이야.'라고 하죠. 그냥 입버릇처럼 자주 하는 말이라 별로 생각을 안 해 봤을지도 몰라요. 하지만 우리가 매 순간 이성으로 판단하고 행동하는 것은 아닐 시도 모른다는 것을 알 수 있습니다. 제가 궁금한 것이 바로 이 의식의 영역 바깥 부분이지요."

박사님의 말을 듣고 보니 그런 것 같기도 했다. 내가 의식하고 하는 행동도 있지만, 어쩌다 보니 그냥 나도 모르게 해 버린 일도 많았다. 그러다가 사고라도 치면 '그냥 별생각 없이', '나도 모르게'라고 변명하곤 했다. 어른들은 '그냥'이란 게 어디 있느냐고 호통을 치지만 말이다. 그런데 이렇게 나도 모르게 하는 행동이 어쨌다는 거지? 이것이 의식의 영역 바깥에 있다는 게 어떻다는 건지 궁금했다. 그때 누군가 손을 들었다.

"박사님이 말씀하시는 의식의 영역 바깥, 그러니까 의식적이지 않은 부분이 인간에게 있다는 건가요?"

"그렇죠. 인간의 의식이 대낮처럼 밝고 분명한 부분만 있다고 단정할 수 없다는 거죠. 어두운 심연이라서 잘 안 보이는 의식이 있을 수 있습니다. 저는 인간에게 의식적이지 않은 부분, 좀 어려운 말로 하자면 비이성적인 부분이 있다는 데 대해 오랫동안 생각했습니다. 저는 이 부분을 의식되지 않는 의식이라는 의미에서 '무의식'[8]이라고 불렀습니다. 사람들은 우리가 모두 의식하고 이성적으로 행동한다고 말하지만, 사실 우리 일상의 상당 부분은 의식으로 설명할 수 없습니다. 예를 들어 여러분이 왜 아픈지 설명할 수 없는 것도 마찬가지이지요."

나도 알 것 같다. 내가 아픈 것은 이성이나 의지로 어떻게 할 수 있는 부분이 아니다. 부모님은 꾀병 부리는 거 아니냐고 의심하지만 그렇지 않다. 나도 아프고 싶지 않다. 자꾸 배가 아프거나 말을 더듬는 것은 내 의식이 시켜서 하는 게 아니다. 하지만 누구도 내 말을 믿어 주지 않는 게 문제다. 계속해서 박사님이 말을 이어 갔다.

"저는 의식의 눈으로는 잘 보이지 않는 이 무의식에 관심을 가졌습니다. 의식은 불이 켜진 방에 있는 사물처럼 밝고 정확하게 보이지요. 반면 무의식은 불이 꺼진 방에 있는 사물과 같죠. 어떤가요, 한수 군? 불이 꺼진 방에서는 물건이 잘 보이나요?"

"아니요. 잘 안 보여요."

"맞아요, 잘 안 보입니다. 하지만 안 보인다고 거기에 사물이 없다고 할 수 있을까요? 거기에 의자가 있으면 어떨까요? 불이 안 켜진 깜깜한 방이라서 의자가 안 보인다고 그냥 걸어 다니면 어떨까요?"

"의자에 부딪혀요."

"의자에 부딪히고 다치겠죠. 지금 우리가 아프다고 느끼는 것도 바로 이러한 원리지요. 깜깜해서 무엇이 문제인지 눈에는 잘 안 보이지만 분명히 존재하는 문제죠. 무의식은 의식의 눈으로 잘 보이지 않는다는 점에서 이 깜깜한 방을 닮았습니다. 그리고 우리가 겪는 고통도 깜깜한 방, 다시 말해 무의식의 영역과 관계된 문제이지요."

깜깜한 방과 의자. 알 것 같기도 하고 어렵기도 했다. 이 무의식이라는 게 박사님이 진료하는 환자들과 무슨 관계가 있는지 궁금해졌다. 다들 나랑 같은 생각을 하는지 박사님의 말을 열심히 듣는 눈치였다.

프로이트 박사님은 다른 의사들과 참 달랐다. 의사는 진료실에서 환자를 만나는 사람인 줄만 알았는데, 박사님은 진료하는 시간보다 강의하고 책 보는 시간이 더 많았다.

"그런데 무의식이 박사님이 진료하는 환자들하고 무슨 관련이 있나요? 저는 박사님이 히스테리 환자를 진료하는 의사인 줄만 알았는데요."

"내 진료실에 오는 환자들은 대개 히스테리나 신경증 환자들이죠. 그런데 저는 이것이 단순히 몸의 병으로 생긴 이상이라고 보지 않습니다. 마음, 곧 무의식의 문제에서 시작된 병이에요. 따라서 히스테리나 신경증은 정상적이거나 보통 때는 보이지 않는, 마음 깊은 곳을 들여다볼 기회라고 생각합니다."

내 질문에 답하는 박사님의 말에 어리둥절해 하는 사이 이번에는 오스만 형이 질문했다.

"박사님 말씀대로 무의식의 영역이 있다고 쳐요. 아까 비유하신 대로 그 부분은 깜깜하잖아요. 그걸 우리가 어떻게 알아내나요? 의식적이지 않은 것을 의식적으로 찾는다는 게 말이 되나요?"

"좋은 지적이에요. 그래서 의식적인 방법이 아니라 다른 방법을 써서 접근해야 한다는 거예요. 어떻게 의식의 눈으로 보이지 않는 그 심층에 다가갈 수 있을까? 제가 이렇게 생각하게 된 것은 신경증 환자를 직접 만나면서부터였어요. 지난번에도 잠깐 말했지만 말입니다. 히스테리 환자가 보여 주는 증상은 언뜻언뜻 무의식을 보여 주는 것이기도 합니다. 이 부분은 아직 이해하기 어려울 거예요."

나는 프로이트 박사님의 말에 이해가 안 된다는 의미로 고개를 저었다.

"제가 무의식을 연구하면서 항상 염두에 두는 것은 외상을 찾는 것처럼 눈에 보이는 현상에만 집착해서는 안 된다는 겁니다. 항상 이성의 눈으로 볼 수 없는 것을 보려고 노력해야 하죠. 그래서 다른 학자들과는 완전히 다른 방법으로 무의식에 접근해야 한다고 생각했어요. 조금 찾아낸 것 같기는 합니다. 무의식에 접근하는 방법을 말이죠. 다음 수요 심리학회에서는 무의식에 접근하는 새로운 방법을 이야기해 보려 합니다."

무의식에 관한 프로이트 박사님의 강의는 흥미로웠다. 무의식이라는 게 좀 복잡해 보여도 이미 나도 느끼고 있는 것이기도 했다. 내안에 내가 모르는 내가 얼마나 많은지. 나도 나를 모르겠다. 아직 고등학생인 나의 마음도 이렇게 복잡한데, 당연히 의식으로 말할 수 없는 부분이 있을 수도 있겠다는 생각이 들었다.

그런데 눈에 보이지 않는 영역을 어떻게 연구한다는 건지 쉽게 이해가 가지 않았다. 의식과 무의식에 관해 강의를 듣고 나니 이건 정말 인간이 풀 수 없는 어마어마하게 큰 주제라는 느낌도 들었다. 엄마는 내가 이렇게 이상한 경험을 하고 있다는 걸 알까? 베르크가세 19번지 프로이트 박사님의 진료실에 다녀왔다고 하면 엄마는 뭐라고할까? 미미를 빨리 찾아서 집으로 돌아가야 할 텐데 마음이 답답했다. 모임이 끝나고 이런저런 생각에 뒤척이다 잠이 들었다.

다음 날 아침 잠을 설쳐서인지 몸이 개운하지 않았다. 여전히 전날의 답답한 마음이 가시지 않고 몹시 우울했다. 프로이트 박사님은 생각이 잘 안 떠오르거나 가슴이 답답할 때는 산책을 한다고 했다. 그러면 그냥 앉아 있을 때와는 다른 생각이 든다고 했다. 그래서 나도 박사님처럼 산책을 하기로 했다.

자연스럽게 밖에 나와 걷기 시작했다. 이것도 빈에 와서 달라진 일상이다. 한참을 이리저리 돌아다니다 정신을 차리고 보니 시간이 많이 흐른 것 같았다. 슬슬 다리도 아프고 배도 고파졌다. 다시 프로이트 박사님의 진료실로 가야 하는데 도대체 여기가 어딘지 모르겠다. 처음 보는 광경을 넋을 잃고 보느라 어쩌다 여기까지 왔는지 전혀 기억이 안 났다. 누구한테 물어봐야 하나 주변을 두리번거렸다. 혼자 같은 자리를 뱅뱅 돌고 있는데, 벤치에 앉아 있는 여자의 뒷모습이 눈에 띄었다. 가까이 가서 보니 책을 읽고 있었다. 말을 걸면 방해가 될 것 같았지만, 이제 슬슬 해도 저물고 지금 안 물어보면 완전히 미아가 될지도 모른다는 생각에 용기를 내서 여자에게 말을 걸었다.

"저…… 저기요. 제가 길을 잘 몰라서 그러는데요."

내 목소리가 안 들리는지 대답이 없었다. 다시 한번 말을 걸었다.

"저기요? 저기요!"

두 번이나 소리쳤을 때 여자는 놀란 표정으로 날 쳐다봤다.

"네? 뭐라고요?"

"죄송한데 제가 길을 잃어버려서요. 혹시 베르크가세 19번지라고 아시나요?"

"아, 거기는 프로이트 박사님의 진료실인데 여기까지 어떻게 온 거예요?"

"산책하다 보니 그만……."

"혼자 걷기엔 먼 길인데. 제 마차를 타고 가요. 데려다줄게요. 저는 안나라고 해요. 이름이 뭔가요? 이 동네에서 처음 보는 옷차림인데."

"저는 한수라고 해요. 지금 프로이트 박사님 댁에서 지내고 있어요."

나는 자신을 안나라고 소개한 여자와 함께 마차를 기다리면서 이야기를 나누었다. 나이는 막내 누나와 동갑이었다. 처음에는 나를 경계하더니 프로이트 박사님 집에서 머무르고 있다고 하니 경계심을 푸는 것 같았다. 편하게 누나라고 부르라고 하는 걸 보면 말이다.

안나 누나는 이 공원을 좋아해서 가정교사에게 허락을 받고 매일 한두 시간 정도 산책을 한다고 했다. 안나 누나와 한참 이런저런 이야기를 나누는데 딸각거리는 말발굽 소리가 들리더니 마차 한 대가 도착했다. 그리고 누나가 말한 가정교사로 보이는 여자가 내렸다. 잔머리 없이 틀어 올린 머리 위에 빵모자 같은 걸 쓰고 허리를 꼿꼿하게 세운 여자는 한눈에 봐도 무서운 인상이었다.

가정교사는 나와 안나 누나를 번갈아 보았다. 심상치 않은 느낌이 들었다. 아니나 다를까. 가정교사는 나에 관해 설명하려는 안나 누나를 데리고 이야기가 들리지 않는 쪽으로 갔다. 두 사람은 한참 이야기를 나누었다. 가정교사는 말을 하면서 자꾸 나를 힐끔거리며 쳐다봤다. 혹시 내가 안나 누나랑 같이 있어서 무슨 문제라도 생긴 걸까?

여간해서는 외출은 물론이고 이성 교제도 자유롭지 않은 시대라는데, 나 같은 수상쩍은 남자애가 자기가 가르치는 학생과 함께 있으니 경계심이 들 수도 있을 것이다. 하지만 아무리 그래도 막상 경계하는 시선을 한 몸에 받으니 기분이 나빴다. 잠시 시간이 흐르고 안나 누나의 간곡한 부탁으로 마차를 타고 프로이트 박사님의 진료실로 무사히 돌아오기는 했지만 마음이 불편했다. 무슨 잘못을 한 것도 아닌데 오해를 받고 있다는 생각이 드니 화도 나고 서럽기도 했다. 생전 처음 느껴 보는 수치심에 속이 상했다.

오자마자 진료실 문을 열었다. 공원에서 있었던 일을 박사님에게 말하고 싶었다. 하지만 박사님은 방에 없었고 환자들이 사용하는 긴 소파가 눈에 띄었다. 소파에 머리를 대고 발을 뻗었다. 생각보다 훨씬 편안했다. 예기치 않은 경험에 피곤했던 걸까? 잠깐 눈을 붙인다는 것이 그만 잠이 들었다.

"한수야, 빨리 가자. 청소해야지. 그만 좀 자라."

"어? 여기가 어디야? 네가 왜 여기 있어?"

"야, 왜 이래. 이제 친구 얼굴도 못 알아보냐. 어젯밤에 뭐 했어? 밤새 게임이라도 했냐? 너 오늘 학교 와서 계속 졸기만 한 거 알긴 아냐?"

"이상하네. 나 다시 학교 온 거야?"

"아니, 계속 무슨 소리야? 학교 안 가면 어디 갈 데나 있냐? 얘 또 왜 이래."

"내버려 둬! 한수 쟤가 요즘 스트레스가 많은가 봐. 어제는 발표할 때 말도 더듬더니만 이제 헛소리도 하네. 하하하."

분명히 조금 전까지도 프로이트 박사님의 진료실 소파에 누워 있었는데 이상하다. 어떻게 다시 학교에 온 걸까? 혁이와 민재를 따라 체육관 청소를 하러 갔다. 내가 이번 학기 체육관 청소 당번인 것은 맞는데 그럼 다시 제대로 돌아온 건가?

혁이와 민재는 같이 청소하러 가자더니 또 어딘가로 사라졌다. 둘은 매번 청소는 나한테 미루고 청소 시간마다 딴짓을 하는데, 지금도 그런 걸 보니 다시 현실로 돌아왔다는 게 정말 실감이 났다. 씁쓸한 기분이 들었다. 그냥 청소나 하려고 체육관 문을 열었다.

그때 어디선가 갸르릉 거리는 소리가 들렸다. 이건 고양이 소린데? 체육관에 고양이가 있나? 소리는 체육관 안에서 들려 왔다. 어두컴컴한 한쪽 구석에 늘 이어폰을 꽂고 다니는 수빈이가 고양이와 함께 있었다. 이건 뭐지? 수빈이와 고양이라니! 수빈이는 중학교 때 가수가 되겠다고 기획사에 들어간 아이다. 학교 공부는 뒷전이고 가수에 올인했다. 중학교도 수빈이와 같은 학교를 나왔지만 그땐 얼굴 보기가 힘들었다.

한동안 수빈이는 꽤 잘나갔다. 작년까지만 해도 케이블 TV 오디션 프로그램에도 나왔다. 그런데 그 뒤로 일이 잘 안 풀렸던 모양이다. 소문에 의하면 기획사에서 멤버들끼리 말썽이 있었다고도 하고, 집안 사정이 나빠져서 연습생을 접었다는 말도 있고 이런저런 소문이 많았다. 물론 뭐가 진짜인지는 아무도 모른다. 어쨌든 수빈이는 다시 보통 고등학생들처럼 학교와 집을 오가는 생활을 하게 됐다. 하지만 좀처럼 우리와 어울리지 않았다. 수빈이는 교복 안에 입은 후드 티 모자를 뒤집어쓰고 이어폰을 꽂고 있었다. 나처럼 평범한 인생이 보기엔 이해하기 힘든 아이라서 나 역시 수빈이 근처에 가 본 적이 없었다.

그런데 수빈이도 고양이를 좋아하나? 사실 나도 고양이를 좋아하긴 하지만 학교에서는 티를 내지 않았다. 학교 운동장에 가끔 길고양이가 들어오는 것은 봤지만 모른 척했다. 남자 학교에서 그런 짓을 했다가는 애들이 놀려 댈 게 뻔해서, 아무리 고양이를 좋아해도 그것을 견딜 자신은 없었다.

늘 이어폰만 꽂고 누구와도 이야기하지 않는 차가워 보이던 수빈이가 이렇게 고양이를 귀여워하다니 신기했다. 뜻밖의 사실을 알게 되어 기쁘기도 하고 수빈이가 달리 보였다. 사실 그동안 애들은 드러내 놓고 말을 안 했지만, 수빈이를 은근히 따돌렸다. 물론 수빈이도 우리에게 관심이 없어 보이긴 했고, 우리도 언젠가부터 수빈이를 멀리했다. 수빈이가 한때 가수 지망생이었다가 다시 학교에 돌아와서일까? 특별한 이유는 없는데 수빈이와 말을 하지 않는 것이 우리 사이의 암묵적인 법칙이 되었다.

내가 들어왔는데도 수빈이는 고양이가 우유를 다 먹는 것을 지켜봤다. 나는 용기를 내서 수빈이에게 말을 걸었다.

"어, 김수빈. 고양이잖아. 너도 고양이 좋아해?"

수빈이는 아무 대답도 하지 않았다. 정말 소문대로 건방진 녀석인가? 고양이는 우유를 다 먹자 갸르릉 거리며 수빈이 손을 핥았다. 그리고 다시 열린 체육관 문을 통해 나가 버렸다. 그때였다. 지금까지 아무 말도 안 하고 서 있던 수빈이가 나를 보고 입을 열었다.

"너도 왕따 되고 싶냐? 나한테 말 걸지 마."

수빈이는 차가운 말 한마디를 던지고 나가 버렸다. 왠지 머쓱해졌다. 수빈이가 나가는 것과 동시에 민재와 혁이가 들어왔다. 오늘은 청소 감독 나오는 날이라며 투덜거렸다.

"한수야, 청소 다 했냐? 오늘 담임이 청소 감독 온대."

"우와 근데 쟤 뭐야? 수빈이 아냐? 저 녀석은 늘 저렇게 무서운 눈이야. 아직도 자기가 가수인 줄 아나. 무게 잡기는."

"근데 좀 전에 보니까 너희 무슨 말 하는 거 같던데? 너 재랑 친하냐? 나 재가 말하는 거 처음 봐."

"너 뭐야. 수빈이랑 무슨 얘기 했어?"

두 녀석은 걸레질하는 나를 따라다니며 수빈이가 뭐라고 했는지 계속 물었다. 나도 뭐라고 할 말이 없는데 자꾸 물어보니 괜히 화가 났다. 그래서 나도 모르게 큰 소리로 외쳤다.

"그만 좀 해!"

"한수 군, 무슨 일인가?"

아 꿈이었구나. 깜빡 잠이 들었다. 그런데 이상한 건 꿈에서 본 장면이 며칠 전에 체육관에서 실제로 있었던 일이라는 거다. 안 그래도 기분이 나빠서 두 번 다시 떠올리기 싫은 일인데 뜬금없이 꿈에 나타났다. 소파에서 잠을 자서 그런가. 정말 이상한 꿈이었다.

프로이트 박사님은 나를 걱정스럽게 바라보았다. 그러고 보니 온몸이 땀으로 흠뻑 젖어 있었다.

"한수 군, 나쁜 꿈을 꾼 것 같군. 무슨 고민이라도 있나?"

"죄송해요. 박사님 소파에서 잠이 들어 버렸어요."

"괜찮네. 원래 이 소파는 내 환자들만 눕는 건데 말이지."

박사님은 잠옷 차림이었다. 내가 갑자기 소리를 쳐서 자다가 깼나 보다.

"박사님, 저 궁금한 게 있는데요."

"그래, 말해 봐."

"제가 저 자신에 대해 잘 몰랐던 거 같아요."

"응? 그게 무슨 소리야? 갑자기."

"생각해 보니까 제가 정말 나쁜 애 같아요. 솔직하지도 못하고 거짓말쟁이 같기도 하고요."

나는 오늘 안나 누나를 만나 공원에서 겪은 일을 시작으로 체육관에서 있었던 일까지 모두 이야기했다. 박사님에게 말하다 보니 내가 느꼈던 불편한 감정이 무엇인지 조금 이해가 됐다. 그러니까 오늘 나는 공원에서 차별당했다고 느꼈다. 그런데 문제는 나도 그렇게 떳떳하지 않다는 것이다. 수빈이에 대해 잘 알지도 못하면서 나 역시도 다른 애들이 말하는 나쁜 소문대로 친구를 판단했다. 결국 나도 이유 없이 수빈이를 따돌리는 다른 친구들과 다를 게 없었던 건 아닐까? 적어도 다른 애들을 괴롭히는 사람은 아니라고 자신했는데 아닌가 보다. 나에게도 나도 모르는 나쁜 마음이 있었다. 다른 사람을 속였을 뿐 아니라 나 자신마저도 속여 왔다. 다른 사람 눈치를 보면서 행동하고, 내가 좋아하는 것을 감추고, 스스로 생각조차 하지 않았으니 말이다.

박사님은 내가 말하는 동안 가만히 듣더니 입을 열었다.

"나보다 무의식에 대해 잘 알고 있구나."

"네? 아닌데요. 전 박사님의 설명을 절반도 이해 못 했는걸요."

"개념을 잘 아는 게 중요한 게 아니야. 한수 군 같은 자세면 충분해. 자신에 대한 확신을 거두고 의심하는 데서부터 시작해야겠지. 내가 모르는 내가 있을 수 있다는 사실, 내가 나를 속일 수 있다는 사실을 인정하는 데서 정신 분석은 시작한다네. 어른들은 그걸 잘 못 하지. 나도 마찬가지고. 그러니 너무 자책하지 말게. 인간은 누구나 자기 자신을 속이게 마련이지. 이제라도 알았으니 그게 어디야."

여전히 내 마음 한구석에는 찜찜함이 남아 있었다. 어떻게 이 불편한 마음을 풀 수 있을까? 나도 모르는 내 마음이 이렇게 복잡한 것이었다니. 이런 게 바로 프로이트 박사님이 말하는 정신 분석일까?

[7] 데카르트(1596~1650)는 중세 스콜라 철학에 대항하여 '나는 생각한다. 그러므로 나는 존재한다'라는 명제를 내놓았다. 생각하는 나, 즉 '인간의 의식'을 전면에 내세웠다는 점에서 근대 정신의 출발점이라고 할 수 있다.

[8] 프로이트의 무의식은 히스테리 치료 경험에서 나온 개념이다. 프로이트는 정신 활동을 하는 주체가 의식할 수 없는 영역이 있다고 보았다. 그는 히스테리 환자의 증상, 꿈, 농담, 실수, 환상 등을 통해 무의식을 분석하고자 하였다.

4

내가 의식하지 못하는 것

프로이트 박사님의 진료실은 골동품 가게 같았다. 두꺼운 책이 빼곡히 들어찬 서가에는 꽤 오래전에 만들어진 것으로 보이는 조각상, 도자기 인형, 항아리 모양의 크고 작은 그릇까지 별것이 다 있었다. 도대체 이 많은 것을 어디서 구한 걸까? 모두 진품일까? 신기해서 만져보려다가 혹시 진짜면 엄청 비쌀 텐데 싶어 그만두었다. 그런데 갑자기 어디서 야옹 하는 고양이 소리가 들렸다. 아주 익숙한 미미의 울음소리였다. 소리가 난 곳을 쳐다보니 미미가 골동품 사이로 뛰어다니고 있었다.

"미미야, 그러다 이거 깨면 큰일 나!"

미미를 잡으려는 찰나, 미미 꼬리가 배가 불뚝 나온 인형 하나를 건드렸다.

"미미야!"

간신히 인형을 손으로 받긴 했는데 생각보다 묵직했다.

"큰일 날 뻔했잖아."

식은땀이 절로 났다. 다시 인형을 제자리로 놓으려는 순간 프로이트 박사님이 들어왔다.

"아니 한수 군, 여기 있는 걸 함부로 만지면 안 되네!"

"죄송합니다. 일부러 그런 건 아니에요."

"그 인형은 내가 존경하는 뢰비 교수가 어렵게 구해 준 건데, 몇천 년 동안 땅속에 있었지."

"어떻게 이런 옛날 물건을 많이 모으셨어요? 도자기, 인형, 저 빤짝거리는 냄비 같은 그릇은 또 뭐고요? 골동품 가게도 하시나요?"

"골동품 가게? 하하하. 이것들은 평범한 골동품이 아니지. 이것들이 밤마다 나한테 말을 건다네. 이 유물은 내가 환자들을 진료하고 연구하고 글 쓰는 데 없어서는 안 될 중요한 동료야."

"네? 마…… 말을 한다고요?"

너무 공부를 많이 해서 이상한 소리를 하는 걸까? 어떻게 골동품이 이야기를 한다는 것인지 도무지 이해가 되지 않았다. 박사님은 히스테리 환자를 진료하는 줄만 알았는데 고고학도 함께 연구하는 거였나? 잠깐 생각에 잠긴 나에게 박사님은 오래되어 보이는 금속 컵 하나를 쥐여 주었다. 혹시 망가뜨릴까 봐 부들부들 떠는 내 손을 보고 박사님은 웃었다. 주석으로 만든 컵이라고 하는데 마치 방금 냉장고에서 나온 것처럼 차가웠다.

"한수 군 어때? 컵을 손에 쥐었을 때 느낌이?"

"차가운데요."

"그것뿐인가? 내가 처음 이탈리아 여행을 갔을 때 공원 근처에서 골동품상이 그걸 진열하고 있었는데, 내가 그 잔을 쥐자 이상한 뭔가가 오랫동안 나를 기다린 느낌이 들었지."

박사님은 이제 눈까지 지그시 감고서 이야기를 이어 갔다.

"나는 고대 유물을 보면서 얼마나 오랫동안 저 땅속 깊은 곳에 있었는지, 밝은 곳에 있을 때는 어디에 있었으며 어떤 사람들이 이것을 썼는지 이런저런 생각을 하지. 그러면서 유물을 만지면 이것들이 정말 아주 조금씩 나한테 말을 해 주는 것 같아. 그 먼 나라 먼 시간에 대해서 유물들과 대화하다 보면 어느새 해가 밝아 오곤 했지. 내가 신경증에 관해 연구하는 것 역시 이런 고고학자의 작업을 닮았어."

박사님은 밤마다 서재에서 골동품을 어루만지며 먼 옛날을 상상한다. 그 모습을 떠올리니 으스스한 생각이 들어 고개를 흔들었다.

"박사님은 의사 아니신가요? 왜 고고학자랑 닮았다는 거예요?"

"난 의사지만 그냥 의사가 아니라 눈에 안 보이는 것을 연구하는 의사라고 했었지?"

"네. 박사님이 연구하는 것은 정신, 심리, 마음, 뭐 이런 눈에 안 보이는 것이라고 하셨어요."

인간의 마음은 눈에 보이지 않고 주관적인데 그것을 의학이라는 학문으로 연구한다니 가능하기나 할까? 나도 모르게 한숨이 다 나왔다.

"아니 한수 군, 왜 한숨을 쉬지?"

"그게…… 박사님 작업이 어려워 보여서요. 어떻게 환자의 마음을 대화로 분석해 내요? 환자가 거짓말할 수도 있고, 자기 마음을 잘 아는 것도 아니잖아요."

"핵심을 잘 짚는구나. 맞아. 말을 통해서 정신을 분석한다는 건 쉽지 않아. 하지만 불가능한 것도 아니야. 내가 이 유물을 발굴하고 연구하는 것과 환자들의 정신을 분석하는 일이 유사하다고 말하는 것도 그런 이유지. 고고학자가 유물 하나를 발굴했다고 생각해 보자고."

프로이트 박사님은 깨진 그릇 조각 같은 손바닥만 한 파편을 내게 보여 줬다.

"이게 뭐라고 생각하나?"

"깨진 그릇 조각 아닌가요?"

"그릇도 한둘이 아니고 어느 시대에 누가 쓰던 그릇인지도 잘 모르는데 정확하게 그릇이라고 할 수 있을까? 그리고 그릇이 아닐 수도 있지. 건물의 외벽에서 나온 것일 수도 있고 말이야. 이 조각이 원래 어떤 물건의 한 부분이었을지는 이렇게 하나만 놓고는 아무도 모르지. 하지만 고고학자가 이 파편을 실마리로 해서 다른 파편을 모으고 모으다 보면 어느새 큰 그림이 그려지겠지. 우리 분석가들은 말이야, 고고학자가 땅속에서 나온 한 조각의 파편을 소중하게 여기듯이 환자의 말 한 마디 한 마디를 소중하게 여긴다네. 그것이 이 조각처럼 작고 사소하고 볼품이 없어 보일지라도 말이야. 나중에 이 조각이 다른 조각과 만나서 그럴듯한 접시가 될 수도 있고 큰 건물의 외벽이 될지도 몰라. 그런 것처럼 나는 말을 통해 환자의 마음에 접근하려고 하지. 환자의 정신이 말하는 게 무엇인지 확신하기보다는 최후까지 여러 가능성을 열어 놓으려 한다네."

깨진 그릇 조각 같은 것을 들고 있는 박사님은 매우 진지해 보였다.

"한수 군은 어떤가? 그리스 로마 역사나 신화에 흥미가 좀 있나?"

갑자기 할 말이 없어졌다. 어렸을 때는 그런 만화를 좀 읽었지만, 요즘은 관심이 없어진 지 오래다.

"어렸을 때는 좋아했는데 지금은 시험공부 하기도 바빠서요. 거의 까먹었어요."

"허, 안타깝군. 그리스와 로마의 역사는 필수인데 말이야. 특히 나 같은 의사나 한수처럼 인간의 마음에 관심이 있는 사람이라면 더욱 그렇고."

"의학책도 아닌데 왜요? 의사가 그런 것도 읽어야 해요?"

"의사가 뭘 하는 사람이지?"

"병 고치는 사람이요."

"그렇지. 그런데 누구의 병인가?"

"네? 그야 환자죠."

"그 환자가 누구냐고. 우리는 의사나 환자이기에 앞서 인간이지? 그래서 의학은 인간을 위한 학문이 되어야 해. 그러기 위해서 무엇보다 인간에 대한 이해가 필요하지. 한수 군도 나중에 뭘 전공하고 어떤 직업을 갖게 될지 모르지만, 결국 인간에 대한 이해 없이는 훌륭한 사람이 되기 어려워."

갑자기 머리를 얻어맞은 것 같았다. 지금까지 나는 모의고사 점수에 따라 좋은 학교와 전공을 정하는 것이 중요하다고만 생각했다. 한 번도 어떤 사람이 될지 생각해 본 적은 없었다. 내 고민은 오로지 내신, 모의고사 점수에 맞춰서 대학에 진학하는 것이었다. 그 이후에 대해서는 구체적으로 생각해 본 적이 없었다.

여느 날과 다름없이 손님마다 블랙커피와 케이크 한 조각씩을 가지고 모임이 시작되었다. 프로이트 박사님이 먼저 입을 열었다.

"오늘은 꿈에 관해서 이야기해 볼까 합니다. 우선 제 꿈 이야기를 해 드리겠습니다."

꿈 이야기라고? 갑자기 힘이 빠졌다. 좀 더 멋지고 그럴듯한 이야기가 시작되는 줄 알고 기대했는데 박사님의 꿈 이야기나 듣자고 이렇게 앉아 있어야 한다니. 이런 내 마음을 아는지 모르는지 프로이트 박사님은 자기가 꾼 꿈을 이야기하기 시작했다.

"꿈에서 저는 한쪽 눈이 안 보이는 나이 든 신사와 함께 기차역에 있었습니다. 저는 가면을 쓰고 변장을 하고 있었습니다. 나이 든 신사는 거동이 불편해 보였죠. 그런데 갑자기 노인이 소변이 마렵다는 겁니다. 그래서 저는 검표원이 다른 쪽을 보는 사이에 조심하면서 노인에게 소변을 볼 수 있도록 소변 통을 대 주었습니다. 사람들이 지나가는 공공장소인데 그런 건 아랑곳하지 않고요. 그리고 조금 있다가 꿈에서 깼지요. 이 꿈은 뭘까요? 왜 저는 이런 꿈을 꾸게 된 것일까요?"

박사님은 참 이상한 걸 묻곤 한다. 박사님은 이야기를 이어 갔다.

"저는 신경증 환자를 치료하면서 환자가 꾸는 꿈을 통해 무의식을 엿볼 수 있다고 생각했습니다."

"꿈을 통해 무의식을 볼 수 있다고요?"

내가 질문했다. 밤에 꾸는 꿈이 그렇게 연구할 가치가 있다니 선뜻 이해되지 않았기 때문이다. 박사님은 질문에 계속 답했다.

"우리가 매일 밤 꾸는 꿈은 꽤 허무맹랑한 것도 많지만, 잘 보면 그 꿈을 꾸게 된 이유가 있습니다. 저는 왜 이렇게 이상한 꿈을 꾸게 되었을까를 깊이 고민했습니다. 그러다 보니 일곱 살 때 기억이 떠오르더군요. 아버지는 일곱 살이나 먹은 제가 오줌 싼 걸 보고 '이 녀석은 아무짝에도 쓸모가 없겠어!'하고 화를 냈습니다. 저는 제 꿈이 이렇게 어린 시절의 경험과 관련이 있다고 봅니다."

"앗, 그럼 어릴 때 아버지가 화를 낸 것이 영향을 준 거네요?"

나도 모르게 소리쳤다.

"맞아요. 사실 꿈에 나온 노인은 아버지라고 할 수 있습니다. 이 꿈을 꾸고 조금 죄책감도 느꼈습니다. 그래서 며칠 동안 꿈을 꾸게 된 배경을 살펴본 결과, 아버지를 보살펴 드리면서 제가 쓸모 있는 아들임을 증명하고 싶었던 것이 꿈으로 표현됐다고 결론 내렸습니다. 평소 의식으로는 말하지 못했던 속마음이 꿈을 통해 드러난 것이죠. 저는 이 꿈을 통해 불이 꺼져 있는 깜깜한 방, 그러니까 무엇이 있는지 잘 모르는 무의식의 방에 있는 것에 대해 비로소 알게 되었습니다. 꿈을 통해서 저의 속마음을 알게 됐다고나 할까요. 한마디로 아버지한테 인정받고 싶었던 거예요. 그래서 전 이런 결론을 얻었습니다. 꿈은 소원 성취다.[9]"

"소원이라면 우리가 바라는 것을 말씀하시는 거예요?"

"맞아요. 좀 어려운 말로 하면 욕망[10]이지요. 물론 이것은 의식적인 차원이라기보다는 무의식적인 부분, 우리 내면의 어두운 부분과 관련이 있죠."

내가 꾸는 꿈은 속마음이 그대로 나타난 것이란 말인가? 말도 안 된다. 그렇다면 내가 이제까지 꾼 꿈은 뭘까? 나는 악몽도 많이 꾸고, 지난번엔 우리 가족이 죽는 꿈도 꿨는데. 내가 속으로 그런 생각을 했다고? 말도 안 된다고 고개를 흔들고 있는데 누군가 질문했다. 다시 보니 오스만 형이었다. 오스만 형은 진료를 받으러 오는 것뿐만 아니라 심리학회 모임에도 부쩍 자주 나오고 있었다.

"그런데 박사님, 제가 좋아하는 사람이 죽거나 아픈 꿈을 꾸기도 하는데 그게 제 소원이라니 말도 안 된다고 생각합니다."

"아, 오해하지 말아야 할 것이 있습니다. 무의식이 곧바로 꿈으로 표현되는 것은 아닙니다. 꿈의 내용과 그 꿈을 꾼 속마음이 완전히 일치한다고 할 수 없습니다. 우리의 무의식은 속마음을 들키는 걸 무척 싫어하거든요. 그래서 안 들키려고 조금 변장해서 보여 주지요."

프로이트 박사님은 우리가 이렇게 반발할 줄 알았다는 듯이 갑자기 메모판 앞으로 성큼성큼 걸어갔다. 그리고 글을 쓰면서 설명하기 시작했다.

"아까 제 꿈에서 아버지는 한쪽 눈이 안 보이는 사람이었습니다. 하지만 아버지가 장님이 되는 게 제 속마음은 아니죠. 이것은 단지 밖으로 나타난 꿈이고, 이런 꿈을 꾸게 한 힘이 진짜 중요합니다. 그것이 바로 무의식인데 그대로 나타나지 않습니다. 제 꿈에서 무의식은 아버지에게 쓸모 있는 아들임을 인정받고 싶었던 것이지요. 꿈은 무의식을 그대로 드러내는 법이 없어요. 늘 이렇게 이상한 방식으로 변장해서 드러냅니다."

여기까지 듣고 나니 조금 흥미가 생겼다. 내가 엉뚱한 꿈이나 악몽을 많이 꾸는 것도 복잡한 속마음을 들키지 않기 위해서라는 이야기였다. 나는 도대체 무슨 생각을 그리 많이 하기에 이상한 꿈을 자주 꾸는 것일까?

"여기서 중요한 것은 우리의 무의식적인 소망이 꿈에서는 다른 사물로 옮겨 간다는 것입니다. 우리가 생각하는 것이 그대로 옮겨지는 것이 아니라, 비슷한 다른 것으로 모양을 바꾸어 옮겨진다는 것이지요. 제 꿈에서 나왔듯이 이제 소변을 못 가리는 사람은 아버지가 되고, 소변을 볼 수 있게 도와주는 사람은 아들인 제가 됩니다. 아버지한테 혼났던 억울한 마음을 이렇게 표현한 것 아닐까요?"

프로이트 박사님의 꿈에 괜히 소변 통이 나온 것이 아니었다. 박사님도 소변을 못 가려서 자주 혼났다니 어린 시절은 누구나 비슷하다는 생각이 들었다.

"그럼 어릴 때 일이 꿈에 자주 나오나요? 실제로 있었던 일은 아닌데 어릴 때 알았던 사람들이 자주 등장하거든요. 또 지금 집에 이사 오기 전에 시골에서 잠깐 살았는데요, 부모님은 제가 어려서 기억이 안 날 거라고 하지만 제 꿈에는 신기하게도 그 시골집이 자주 나와요."

"네, 한수 군 말이 맞습니다. 우리의 속마음은 어린 시절에 있었던 일이나 낮에 있었던 일을 재료 삼아 꿈을 만들지요. 단 그것을 그대로 반복하는 게 아니라, 전혀 다른 상황으로 만들어 버리기는 하지만 말입니다."

박사님은 다시 칠판으로 다가가 글씨를 쓰며 설명했다.

"꿈에는 여러 가지 무의식이 한꺼번에 표현됩니다. 첫 번째 제무의식은 아까 말씀드린 것처럼 아버지에게 인정받고 싶은 마음입니다. 또 한 가지는 꿈에서 아버지가 한쪽 눈이 안 보이는 것은 아버지가 눈 수술을 했다는 것입니다. 이 수술은 제가 한 것이었고, 아버지의 병을 고칠 만큼 의사로서도 훌륭하다는 사실을 보여 주고 싶은 것이죠. 고백하자면 의사로서 인정받겠다는 제 욕망은 이 꿈 말고도 다른 꿈에서도 발견됩니다. 중요한 건 이 꿈에서도 볼 수 있듯이 꿈을 만드는 배경은 하나만이 아니라는 거예요. 아들로서 인정받고 싶은 욕망, 의사로서 인정받고 싶은 욕망, 이 두 가지가 함께 작동했습니다. 꿈은 하나지만 그것을 만든 욕망은 굉장히 여럿일 수 있어요."

이렇게 변장을 많이 하다니 꿈이란 녀석도 피곤하구나. 아니면 프로이트 박사님이 유난히 심한 걸지도 모르겠다. 박사님도 보기보다 소심한 스타일인가 보다. 저렇게 똑똑한 사람이 평소에 왜 마음대로 말하지 못하는지 이해가 안 된다. 나처럼 힘없는 고등학생도 아니면서 말이다. 하긴 프로이트 박사님도 비밀이 많은 것 같았다. 아버지와의 관계도 그렇고 이것저것 신경 쓰는 게 참 많아 보였다.

"꿈에는 대체로 말도 안 되는 장면이 많지요. 시간 순서도 엉망이고, 내가 아는 누군가의 얼굴인 줄 알고 다시 보면 다른 사람의 얼굴로 바뀌기도 하고, 현실에서는 도저히 일어날 수 없는 불가능한 일들이 아무렇지도 않게 일어나기도 하죠. 워낙 뒤죽박죽이다 보니 다시 생각해 보려고 하면 잘 기억이 안 날 거예요. 꿈은 왜 이렇게 뒤죽박죽일까요?"

박사님은 우리를 한 번 둘러보더니 다시 물었다.

"자, 그럼 앞의 질문을 해결하기 전에 어렸을 때 가장 많이 꾸었다거나 기억에 남는 꿈 하나만 누가 말해 볼까요?"

고등학생이 된 이후로 내가 꾸는 꿈은 거의 다 악몽이다. 갑자기 예고도 없이 시험을 보거나 벼랑에서 떨어지는 꿈을 엄청 많이 꾼다. 그러다 한번은 진짜로 침대에서 떨어져 머리에 혹이 생기기도 했다. 나는 왜 이렇게 유치한 꿈을 많이 꾸는 걸까? 이런 것도 내 소원이랑 관련이 있는지 궁금했다.

"박사님, 저는 어릴 때 꿈을 자주 꿨어요. 주로 단 음식을 실컷 먹는 꿈이었어요. 엄마랑 가게에 갔다가 아무것도 사 주지 않았을 때 꿨던 꿈인데요, 이 경우엔 제가 바라는 속마음이 그대로 표현된 것 같은데요?"

좀 전에 오스만 형이 자기 친구라고 소개했던 남자의 질문이었다.

"맞습니다. 아무래도 어린아이의 꿈이 그렇지요. 무의식을 바로 드러내는 경우가 많아요. 물론 어느 정도 변장을 하지만, 들키기 쉬운 것일 때가 많습니다. 하지만 어른이 되면서 점점 그렇게 순진한 꿈은 줄어들지요. 변장이 요란해서 도대체 어째서 이런 꿈을 꾼 건지 알쏭달쏭할 때가 많습니다. 왜 그럴까요?"

나도 어릴 때는 엄마 아빠랑 놀이 공원 가서 행복하게 노는 꿈을 많이 꿨는데 요즘은 그런 꿈도 잘 안 꿔진다. 꿈에서라도 행복하면 좋을 텐데……

"어린아이는 자신의 소원을 드러내는 데 부끄러움이 없습니다. 그래서 순수하다고 하죠. 단 걸 많이 먹고 싶으면 그대로 먹고 싶다고 생각하고, 실제로 그걸 꿈으로 만들어 내서 즐기지요. 하지만 어른은 그러지 않죠. 자라면서 하나씩 배우잖아요. 하고 싶어도 하면 안 되는 일, 반대로 하기 싫어도 해야 할 일. 이런 것들을 배우면서 어른이 되지요. 어른이 되면 꿈에서도 유치한 소망을 들키지 않으려고 합니다. 낮에 배운 도덕 법칙이 밤에도 적용되기 때문이지요."

그렇다면 나도 속마음을 들키기 싫어서 꿈을 복잡하게 만들고 위장하는 걸까? 그러면 비로소 나도 어른이 되는 건가?

프로이트 박사님의 말이 이어졌다.

"좀 전에 말씀드린 제 꿈도 그렇습니다. 꿈을 만드는 작업은 비록 잠을 자면서 이루어지지만 무의식이 꿈에서나마 현실적으로 실현되는 과정입니다. 그런데 이 꿈이 직접 속마음을 드러내면 어떨까요?

부끄럽지 않을까요? 그래서 자기 스스로 속마음을 평가하고 검사하죠. 이런 걸 검열한다고 합니다. 그러니까 저는 잠을 자면서도 제 속마음을 검열했던 거예요."

"잠을 자는데 어떻게 검열을 해요? 저는 한번 잠들면 누가 업어가도 모르는데요?"

내가 질문하자 박사님과 사람들이 웃었다.

"이상하다고 생각할 수 있습니다. 하지만 우리의 의식은 잠을 자는 동안에도 완전히 꺼지는 것이 아니랍니다. 잠을 자는 동안에 혹시 헛소리를 하는지 지키고 있는 문지기가 있다고나 할까요."

내가 무슨 꿈을 꾸는지 문지기가 계속 감시하고 있다고? 그럼 꿈은 문지기란 녀석한테 안 들키고 속마음을 말하느라고 그렇게 뒤죽박죽이 된 것이구나. 잠자는 동안에도 이렇게 자유롭지 못하다니 인간이란 박사님의 말대로 정말 복잡하다는 생각이 들었다.

"그렇다면 박사님은 꿈이 한마디로 뭐라고 생각하시나요? 왜 우리가 꿈에 주목해야 하는 거죠?"

한 신사가 손을 번쩍 들고 질문했다.

"제가 《꿈의 해석》이라는 책을 썼을 때 많은 논란이 있었죠. 꿈을 중요하게 여기는 쪽은 꿈이 미래를 예언하는 것이라고 믿었죠. 아니면 아예 꿈은 분석의 대상이 될 수 없는 하찮은 것이라고 생각했고요. 물론 저는 양쪽 의견에 모두 동의하지 않습니다."

"그렇다면 박사님에게 꿈이 중요한 이유는 뭔가요? 박사님에게 꿈은 어떤 의미인가요?"

오스만 형이 질문했다.

"저는 꿈이 과거를 말해 준다고 생각합니다. 그리고 낮 동안 의식의 세계에서는 알 수 없는 것을 말해 주죠. 그러니까 꿈은 우리의 무의식으로 가는 가장 첫 번째 지름길이지요."

그때 최근에 내가 자주 꾸는 꿈이 생각나서 나도 모르게 이야기하고 말았다.

"저는 요즘 이상하게 시험 보는 꿈을 자주 꾸는데 매번 그 시험지에는 풀 수 없는 문제만 가득해요. 결국 한 문제도 풀지 못하고 백지로 내고 나오거든요. 이건 무슨 꿈일까요?"

내 이야기를 듣던 오스만 형이 갑자기 입을 열었다. 심각한 표정으로 살짝 인상까지 쓰면서 나를 뚫어져라 쳐다보며 자기 이야기를 하기 시작했다.

"혹시 학업 부담 때문은 아닐까? 나도 비슷한 경험이 있거든. 우리 아버지는 나에게 늘 법률가가 되어야 한다고 말하지만, 사실 내가 원하는 것은 무대에 서는 거야. 배우가 되고 싶어. 그래서인지 요즘 자주 꾸는 꿈 중 하나는 발레리나들과 발레를 하는 꿈이야. 사실 난 발레를 좋아하지도 않고 직접 해 본 적도 없어. 그런데 꿈에서는 여장을 하고 있고 발레를 꽤 잘하더라고. 여장한 나 자신이 생각보다 잘 어울리고 예뻐서 꽤 만족스러워. 그렇게 발레리나들과 한참 춤을 추고 있을 때 어느 순간 객석에 앉은 아버지가 보이는 거야. 아버지 친구들도 보이고. 그리고 누군가 나를 알아보고 '오스만! 너 여기서 뭐 하는 거냐?' 하고 소리쳤어. 깜짝 놀라면서 입었던 발레복은 순식간에 없어지고 잠옷 차림에 초라한 모습이 되어 버린 나를 아버지가 막 쫓아오면서 사내놈이 뭐 하는 짓이냐고 호통을 치지. 그런데 웃기는 건 그렇게 놀라서 도망치면서도 나는 계속 발레 동작을 하고 있다는 거야."

정말 이상한 꿈이었다. 사람들은 모두 오스만 형의 꿈 이야기를 진지하게 듣고 있었다.

"이 꿈을 꿀 때마다 놀라. 왜 이렇게 이상한 꿈을 꿀까 싶거든. 그런데 오늘 박사님의 이야기를 듣고 보니 조금은 알 거 같아. 나는 아직 한 번도 아버지에게 내 꿈을 제대로 말해 본 적이 없어. 연극배우가 되고 싶다는 꿈을 말이야. 대신 나는 아버지 몰래 학교 친구들과 동아리를 만들어서 연극을 하는 거로 만족하지. 아버지가 하라는 공부는 법학이니까 법대를 졸업하고 법률가가 될 수밖에 없다고 체념하고 있어. 대신 연극은 친구들과 몰래 취미로만 하는 거지. 그런데 꿈에서 나는 아버지 앞에서 발레를 하는 거야. 아마도 아버지한테 당당히 말하고 싶었던 게 아닐까? 나는 연극을 하고 싶다고! 그리고 아버지 앞에서 연극을 하고 인정받고 싶었던 거 같아. 그 속마음을 꿈에서라도 이루고 싶었나 봐. 어쩌면 아버지한테 몰래 연극하는 내 모습을 들키고 싶었는지도 모르겠어."

오스만 형이 여기까지 말하자 모두 숙연해졌다. 무척 공감되면서도 기분이 착잡해졌다. 나도 빈 시험지를 내고 반항하고 싶었던 걸까?

"오스만 군이 말했던 대로 꿈은 우리가 낮에는 할 수 없었던 말을 하는 배출구이지요. 아버지 앞에서 발레를 하는 꿈이나 시험을 치지 않고 백지를 내는 꿈이나 무엇인가 여러분 마음에 강한 부담이 있어서 아닐까요? 그래서 그 부담을 꿈에서나마 털어 버리고 싶었던 것일 수도 있습니다. 현실에서는 허락되지 않지만 꿈에서라도 자유롭고 싶었던 겁니다. 자, 여기까지 들어 보니 어떤가요? 꿈이 그렇게 하찮은 것만은 아니죠? 무의식을 연구하기 위해선 비록 하찮아 보이는 것도 간과해서는 안 됩니다."

그날 밤 나는 프로이트 박사님의 서가에서 《꿈의 해석》이라는 책을 발견했다. 두꺼운 책이었다. 그런데 책을 펼쳐 보니 이런저런 환자들의 꿈 이야기뿐만 아니라, 프로이트 박사님의 꿈 이야기도 엄청 많았다. 박사님은 보기와 다르게 매우 솔직한 사람이었다. 자기의 부끄러운 이야기를 책에 무척 많이 썼다. 아버지에 대한 감정, 의사로서 느낀 동료에 대한 질투, 승진에 탈락한 속상한 감정까지. 중간중간 어

려운 이야기도 많았지만 어느새 박사님의 솔직한 글쓰기에 반해 버

렸다. 꿈속에서도 계속 그 책을 들고 미미와 여기저기 뛰어다녔다.

나는 꿈에서 어딜 그렇게 뛰어다닌 것일까?

[9] "꿈은 소원 성취다."라는 말이 의미하는 것은 꿈이 억압된 소원과 일대일 관계라는 뜻이 아니라, 우리가 꾸는 꿈은 의식의 검열을 통과하기 위해 재구성된 것이라는 뜻이다.

[10] 욕망은 인간이 부족한 것을 채우기 위해 갖는 마음을 말한다. 프로이트는 《꿈의 해석》에서 욕망을 무의식적인 차원으로 말하고 있으며 꿈이라는 형태로 나타난다고 보았다.

4

내가 의식하지

못하는 것

억압된 것은
돌아온다

다음 날 나는 프로이트 박사님에게 책을 읽어 봤다고 자랑하고 싶었다. 진료실 문을 열고 박사님이 계신지 확인하러 갔더니 박사님은 가방을 들고 외출 준비를 하고 있었다.

"어디 가세요?"

"왕진 가는데 한수 군도 함께 갈 텐가?"

한 손에는 커다란 가방을, 다른 한 손에는 지팡이를 든 박사님의 뒤를 따라갔다. 빈의 아침은 아름다웠다. 교회 종소리가 들리고 밝은 햇살 아래로 점잖아 보이는 신사 숙녀들이 오가고 있었다. 프로이트 박사님은 그 사이를 빠른 걸음으로 지나갔다. 거리 구경을 더 하고 싶었지만, 박사님은 틈을 주지 않고 앞만 보고 걸었다.

공원을 지나 모퉁이를 도니 저택이 나왔다. 문을 두드리자 남자가 나와서 우리를 집 안 응접실로 안내했다. 응접실 벽면에 걸린 인물화가 제일 먼저 눈에 띄었는데 엄청 미인이었다. 이런 생각을 하고 있을 때 안주인으로 보이는 여자가 나왔다. 나는 깜짝 놀랐다. 바로 그림 속의 여자였다.

"프로이트 박사님, 어서 오세요. 딸아이가 어제부터 또 기침이 심해져서요."

"그렇습니까? 그럼 제가 좀 만나 보겠습니다."

"그런데 안나가 많이 예민한 상태라서 너무 자극하진 말아 주세요."

안주인은 내내 심각한 표정이었다. 그런데 이름이 안나라고? 그때 공원에서 만난 누나 이름도 안나였는데. 박사님은 성큼성큼 2층으로 올라갔다. 나도 따라 올라가 방 안으로 들어선 순간, 나를 마차에 태워 준 안나 누나가 거기 있었다. 하지만 누나는 방문객에게는 관심이 없는지 시선을 창밖으로 하고 누워 있었다. 이쪽에서는 얼굴이 잘 보이지 않지만, 그날 공원에서와는 달리 창백한 얼굴에 우울한 분위기가 느껴졌다.

"안나 양, 지금은 상태가 어떤가?"

"어제 갑자기 기침이 심해졌는데 이젠 괜찮아요."

"그래. 혹시 어제 무슨 일이 있었는지 말해 줄 수 있겠나?"

"별일은 없었어요. 가정교사 선생님과 함께 산책하러 나갔어요. 나갈 때는 괜찮았는데 들어오는 길에 갑자기 가슴이 답답해지고 기침이 심해졌어요."

"그럼 안나 양, 혹시 이번처럼 기침이 심해졌을 때를 더 기억해

낼 수 있겠나?"

"지난번에 집에서 사교 모임이 있었을 때요. 그리고 또……."

안나 누나의 말은 이해하기가 쉽지 않았다. 웅얼거리는 작은 목소리에 두서도 없었다.

프로이트 박사님은 주로 묻고 누나는 대답하는 식으로 대화가 이어졌다. 아 지루해. 이게 진료하는 건가? 박사님은 한참을 그러더니 다시 왕진 가방을 챙겨서 나갔다. 이렇게 대화만 하다 가는 게 진료라고? 나는 진료실로 돌아오는 길에 박사님에게 진료에 관해 물어보았다.

"박사님, 진료가 좀 특이해 보여요. 검사도 안 하고 약 같은 것도 안 주고 한 시간 내내 이야기만 들으시던데. 원래 빈에서는 그렇게 진료하나요? 아니면 박사님만 그러시는 거예요?"

"약? 안나에게 필요한 것은 먹는 약이 아니니까."

"그럼 뭐가 필요해요? 안나 누나는 지금 어디가 아픈 거죠?"

"전에도 이야기했듯이 안나는 보이지 않는 곳, 마음 저 깊은 곳에 병이 생긴 것 같아. 검사해 봐도 특별히 이상이 없거든. 그런데 갑자기 기침을 시작하면 멈추지 않지. 또 심할 때는 현기증으로 졸도하기도 하고. 왜 이런 증상이 있는지 지금은 잘 몰라. 하지만 계속 찾아봐야지. 그 원인을."

박사님에 따르면 안나 누나는 심한 기침과 현기증으로 진료를 받는 환자였다. 몇 년 전에 치료가 다 끝났는데 다시 재발했다고 했다. 누나를 아프게 하는 것은 무엇이고 마음의 어디가 어떻게 잘못된 것일까?

"안나 누나 같은 환자는 얼마나 진료를 받아야 해요?"

"얼마나라니? 치료 기간 말인가?"

"네. 좀 전에 보니까 진료가 너무 간단한 것 같아서요. 그렇게 천천히 물어봐서 언제 누나의 병을 고치나 궁금하기도 하고요."

"글쎄다. 마음의 병의 원인을 찾기란 그렇게 간단하지 않지. 한수군, 혹시 퍼즐 맞추기 같은 거 해 봤나?"

"네, 좋아해요."

"퍼즐 조각에는 각각 자리가 있지 않니? 급하다고 내 마음대로 아무렇게나 욱여넣으려고 하면 안 되지. 오히려 다른 것까지 그르치게 될 거야."

"네, 그렇죠."

"그것과 같아. 병의 원인을 찾을 때는 매우 조심스럽고 섬세하게 접근해야 해. 내가 궁금하고 급하다고 환자한테 재촉할 수는 없어. 환자는 두서없이 자기 병에 대해 말하기 마련이지. 심지어 모순되는 말을 할 때도 있고, 어제 한 말을 다음 날 모조리 부정하기도 하지. 때로는 도무지 무슨 말인지 알 수 없는 쓸모없는 말만 하기도 해. 아까 안나의 경우도 그래. 갑자기 자기가 읽은 소설 이야기를 하기도 했잖니. 그게 다 뭘까? 지금은 다 하찮아 보이는 이야기뿐이지. 하지만 신기하게도 그 말들이 안나의 마음을 이해할 수 있는 열쇠야."

"그럼 박사님은 계속 이런 방법으로 진료하신 건가요?"

"그렇지. 물론 처음부터 그런 건 아니란다. 시행착오도 많았어. 처음에는 최면술을 썼지."

"최면술이요? 환자가 최면 상태에서 치료를 받았다고요?"

"그렇다네. 최면 상태의 환자가 자신이 고통받았던 증상에 관해 말하는 거지. 히스테리 환자의 경우 억압된 감정이나 기억을 최면 상태에 있을 때 훨씬 말하기 쉬우니까. 그런데 해 보니까 최면술은 결과적으로 부작용이 많았어."

"무슨 부작용인데요? 혹시 최면에서 안 깨어났나요?"

"하하하. 한수 군, 이상한 상상을 많이 하는가 보군. 그런 건 아니고. 가장 큰 문제는 환자가 스스로 자신의 증상을 이해하고 이겨 내기보다는 의사에게 너무 의존하는 단점이 있었어."

"그럼 최면술 대신 어떤 방법을 썼나요?"

"대화법[11]을 적용하기 시작했어. 환자에게 지금 어떤 문제가 있는지 알아보려면 환자가 말을 하게 하는 거야. 이렇게 나누는 대화는 무의식을 알기 위한 매우 중요한 도구란다."

프로이트 박사님은 내가 자신의 진료에 관심이 있는 게 기특해 보였나 보다. 이것이 정신 분석 방법 중에 가장 중요한 원리라면서 다시 이야기를 시작했다.

"어느 날은 진료하는데 환자는 소파에 누워서 말을 하고, 나는 그 말을 듣고 있었지. 환자의 말을 들으면서 '아 그래요.' 뭐 이런 식으로 대꾸를 해 주고 있었어. 내가 환자의 말을 잘 듣고 있다는 것을 확인시키려고 했던 거지. 그런데 환자가 갑자기 화를 내는 거야."

"왜요?"

"나 때문에 집중이 안 된다는 거야. 내가 자꾸 대꾸를 하니 거슬린다는 거지. 그래서 그때부터 환자의 말을 끊지 않고 차분하게 들으려고 해. 그래야 환자도 마음껏 말할 수 있고, 나도 환자의 속마음을 알 수 있으니까. 내가 재촉하면 환자들은 '이러다가 내 속마음을 들킬 수도 있겠네.' 하고 위축돼서 할 말도 안 하게 되겠지."

박사님의 말을 듣다 보니 이제야 좀 이해가 됐다. 박사님은 내가 말할 때도 재촉하는 법이 거의 없었다.

"나는 환자가 하는 말을 될 수 있는 한 그대로 들으려고 해. 어떤 판단도 평가도 하지 않고 말이야. 그러면 환자는 자기가 꾼 꿈에 대해서 말하기도 하고, 어린 시절에 있었던 일을 말하기도 하지. 물론 논리적이지 않고 뒤죽박죽이야. 말실수를 하기도 하고 때론 농담을 하기도 해. 이게 모두 그 사람의 무의식을 알 수 있는 중요한 단서가 되지."

"환자가 하는 말 중에서 꿈이나 말실수, 어린 시절의 기억에 관한 이야기가 중요한 실마리가 된다는 말씀인가요?"

"그래 맞아. 녀석, 이해력이 좋구나."

프로이트 박사님의 말을 듣고 보니 말을 끝까지 들어 주는 게 중요하다는 생각이 들었다. 그래서인지 신기하게도 박사님이랑 이야기할 때는 말을 더듬거리지 않았다. 괜히 묻지도 않는 말을 나 스스로 털어놓기도 하고 말이다. 그냥 말만 했을 뿐인데 치유된 것 같다고나 할까? 하지만 그렇게 해서 언제 환자의 속마음을 안단 말인가?

"한수 군은 지금 이 작업이 시간이 너무 오래 걸린다고 생각하는 거지? 하지만 우리의 무의식은 이렇게 혼란스러운 말을 통해서만 드러난다네. 그래서 나는 '잘못 말하기', '잘못 읽기', '잘못 쓰기', '혼동하기', '잊어버리기' 같은 실수들을 매우 좋아하지."

"네? 그걸 왜 좋아해요? 박사님도 참 취미가 이상하시네요."

"하하하. 그렇지. 한 가지 쉬운 예를 들어 줄까? 한번은 무척 참석하기 싫은 회의에 가야 할 일이 있었어. 돌아가면서 사회를 보는 제도가 있었는데, 그날이 마침 내 차례여서 사회를 보게 됐지. 그래서 '개회를 선포합니다.' 이렇게 말을 해야 하는데, 나도 모르게 '폐회를 선포합니다.'라고 실수를 한 거야."

"박사님도 그런 실수를 하세요? 저도 잘못 읽을 때 많아요. 띄어 읽기를 잘못해서 비속어를 만들기도 하고요. 우리 반 친구들이 그런 거 엄청 좋아하는데."

"그런 것도 분석해 보면 재밌겠군. 어쨌든 우리의 속마음은 이렇게 '잘못 말하기'에서 나오게 마련이지. 나는 회의를 진행하기 싫다는 마음을 말실수로 나타내 버렸지 뭐야. 매우 엄숙한 분위기였는데 여기저기서 웃음이 터져 나왔지. 속마음을 들킨 것 같아 어찌나 민망하던지."

"그럼 그렇게 잘못 말하는 것도 박사님이 하는 정신 분석의 대상인가요?"

"그렇지. 정신 분석은 신경증 환자의 말이나 꿈, 말실수나 농담 같은 언뜻 보기에는 뜻을 알 수 없거나 하찮아 보이는 것을 통해서 무의식을 분석하는 작업이야."

"그런데 왜 말실수를 통해야 하는 거예요? 사실 그것들은 모두 단순한 실수일 뿐이잖아요. 실수를 통해 무언가를 알아낸다는 건 힘들어 보이는데요."

"지난번에 우리가 꿈 분석에 관해 이야기 나눈 것 기억하지? 꿈은 소원을 위장해서 드러낸다고 말이야."

"네. 소원을 들키기 싫어서 그렇게 한다고 했죠."

"맞아. 우리의 무의식은 들키기 싫은 거야. 무의식은 '낮의 의식'을 가지고 있을 때는 자신의 본 모습을 드러내지 않지. 대신 무심코 한 말실수나 농담 같은 것을 통해서, 그리고 내가 분석하는 신경증 환자의 경우에는 소파에 누워서 두서없이 늘어놓는 말을 통해서 우연히 드러나지. 그냥 봐서는 아무런 의미도 없어 보이지만 말이야. 한수 군은 어떤가? 집안 어른이 식사 자리에서 덕담을 했다고 해 보자고. 그다지 재미도 없고 식상한 잔소리에 불과하겠지. 그럴 때 어떤가? 재미없다고 자리를 뜨거나 말대꾸를 할 수 있을까?"

"아니요. 엄마가 어른들 앞에서는 예의를 지켜야 한다고 했어요."

"그래. 어른에게 적절한 예의를 지켜야 해. 잘 모르거나 별로 친하지 않은 사이일수록 더욱 그렇지. 그렇게 예의를 차리고 있을 때는 그 사람의 본심이 나타나지 않겠지. 그래서 내가 관심을 두는 것은 이 예의 바른 '낮의 말'이 아니라 꿈, 말실수, 농담, 그리고 신경증 환자의 두서없는 자유 연상일 수밖에 없지. 이제 좀 이해가 되나? 그런 뜻에서 정신 분석가는 '밤의 말'을 분석하는 사람이라고도 할 수 있지."

그렇다면 오늘 안나 누나가 한 이야기도 중요할 것이다. 그런데 잘 모르겠다. 누나의 이야기는 너무 사소해 보였으니까. 무엇이 안나 누나를 아프게 한 걸까? 이유 없이 몸이 아프다니 나와 비슷한 병이 아닐까? 안나 누나에 대해 궁금해졌다.

다음 날 프로이트 박사님의 진료실에 안나 누나가 왔다. 누나는 기다란 소파에 누웠다. 누나의 얼굴은 박사님과 반대 방향을 향했다. 전에 왜 이렇게 이상한 방향으로 소파가 놓여 있냐고 물은 적이 있었다. 박사님은 이렇게 해야 환자가 정신 분석가인 박사님의 얼굴을 보지 않고 자유롭게 말할 수 있다고 했다. 최대한 환자가 낮의 의식으로부터 지배받지 않고 자유롭게 자신의 증상에 관련된 일을 말할 수 있는 환경을 만들고자 한 것이다.

안나 누나는 요즘 받는 피아노 레슨의 재미에 대해, 또 최근에 가정교사와 함께 갔던 산책로의 쾌적함에 대해 말하기도 했다. 그러다 문득 15년 전에 있었던 가족의 식사 시간을 언급하기도 했다. 박사님은 특별히 메모하는 것도 아니고 간간이 고개를 끄덕이는 것이 전부였다. 내게는 안나 누나의 마음은 물론이고, 박사님의 생각도 알 수 없는 미지의 영역이기는 마찬가지였다.

그렇게 두서없는 이야기가 거의 끝날 때 즈음 드디어 안나 누나는 기침을 처음 시작하던 날에 관해 이야기를 시작했다.

"그날도 아버지를 간호하고 있었어요. 그런데 이웃집에서 음악 소리가 들렸어요. 무도회 음악 같았어요. 그곳에 가 보고 싶었어요. 아버지가 편찮으신 다음에는 집에서 모임을 열지 못했고, 다른 집에서 열리는 무도회에도 참석하지 못했거든요."

"그날 음악 소리가 나던 이웃집에는 방문했나요? 그 집에서 열린 무도회 말이에요."

"아니요. 아버지가 편찮으신걸요. 저는 그런 생각을 잠깐이라도 한 게 너무 부끄럽고 아버지에게 죄송했어요."

"기침이 시작된 것도 그날부터인가요?"

"그날은 아니에요."

"그럼 언제부터일까요?"

"그날이 아니라, 그 음악을 다시 들었던 날일 거예요. 집 근처에서 식료품을 사고 가정교사와 함께 집에 가는 길이었어요. 그런데 카페에서 음악이 들렸어요. 그리고 갑자기 기침을 했던 것 같아요."

프로이트 박사님은 누나의 말을 들으면서 고개를 끄덕였다. 음악이 들리면 기침이 난다는 누나의 말에 왜 고개를 끄덕이는 걸까? 도대체 무슨 음악이기에 기침이 난다는 것일까? 진료를 보고 나자 더 궁금한 게 많아졌다.

안나 누나가 돌아간 후에 산책하러 나가는 프로이트 박사님을 따라나섰다.

"박사님, 안나 누나는 왜 기침을 하는 거죠?"

"아직 확신하기는 이르지만 몇 달 동안 진료하면서 들은 이야기를 종합해 보면, 그녀의 증상은 히스테리라고 할 수 있네. 기침도 그 증상의 하나야. 지금은 돌아가셨지만, 아버지를 오랫동안 간호하다 보니 외출을 자유롭게 하지 못했고 또래의 남녀들이 모이는 사교 모임에도 못 나갔지. 집에만 있으면서 답답하던 중에 우연히 음악 소리를 듣고 외출하고 싶다는 생각을 하게 된 거야. 하지만 그 감정을 참고 억눌렀던 거 같아."

"그런데 그런 감정하고 기침이 무슨 상관이에요? 그리고 기침은 아버지가 돌아가시고 한참 후에 다시 시작됐다면서요."

"그래. 자유롭게 밖에 나가고 싶다는 감정과 기침이 언뜻 잘 연결되지 않을지도 몰라. 하지만 다시 음악을 듣는 순간, 밖에 나가고 싶었던 억눌렸던 기억을 다시 떠올리게 된 거야. 억압된 감정이 살아난 거지. '나도 자유로워지고 싶다.', '아니 안 돼. 나는 착한 딸이니까 아버지를 간호해야 해.' 이런 감정을 잊고 있었는데 몇 년 만에 다시 떠오른 거네."

"몇 년 만에요?"

"우연히 들은 음악 소리가 발단이 된 거지."

"하지만 지금은 아버지도 안 계시니까 그냥 사교 모임에 나가면 되잖아요. 왜 저렇게 답답하게 기침을 하는 거예요? 아니면 부끄러운 기억은 잊어버리던가요. 그렇게 괴로우면 떠올리지 않으면 되잖아요."

"한수 군도 잘 알지 않나. 자기 마음대로 안 되는 것이 내 마음이라는 것을. 안나는 뒤늦게라도 아버지를 간호할 때 참았던 감정에 대해 말하고 싶었던 게 아닐까? 안나는 착한 딸이야. 우리가 보기엔 별것 아니어도 '밖에 나가고 싶다. 음악에 맞춰 춤추고 싶다.'라고 생각했던 걸 아직 부끄러워할 수 있어."

안나 누나의 마음을 조금은 알 것 같았다. 스스로 억누른 감정이 다시 생각났는데, 그게 여전히 부끄러워서 기침이라는 증상으로 대신 나타났나 보다.

"우리도 그렇잖아? 생각하고 싶지 않은 부끄러운 기억이 하나쯤 있을 거야. 물론 대부분은 사실 별것 아니지. 그런데 도덕을 내면화한 사람은 검열하지. '이거 말하면 안 되는데.' 하고 말이야. 자꾸 자기 감정을 억누르려고 하지. 하지만 당장은 그것이 억압될지 몰라도 억압된 것은 자꾸 돌아와.[12] 내가 신경증 환자를 상대로 무의식을 분석한 결과 얻은 사실이지. '억압된 것은 돌아온다'는 것. 안나의 경우에는 아버지를 간호할 때 밖에 나가고 싶었던 감정을 억압했는데 다시 돌아온 거야. 기침이라는 증상으로 말이야."

"그런데 지난번에 안나 누나가 치료가 됐다고 말씀하셨는데요, 왜 다시 박사님을 찾아 온 건가요?"

"그때는 안나의 문제가 단순히 착한 딸이 가진 죄책감이라고만 생각했어. 그런데 다시 보니 안나는 성숙한 여성으로 자유롭게 활동하고 싶었던 것 같아. 안나 또래의 여자라면 사교 모임에 가서 사람들도 만나고 싶었을 거야. 하지만 주변 환경이 억압으로 작용했고 성(性)적으로도 억압되어 있었어. 그 나이 또래의 여성이라면 알아야 할 성(性) 지식이 부족했지. 그러다 보니 자기만의 환상에 갇혀 있었어. 안나를 치료한 다른 의사나 가족들은 단순히 착한 딸로만 생각하고, 그녀가 하고 싶은 일에는 너무 무심했어."

박사님은 마지막으로 나에게 이렇게 충고했다.

"한수 군한테도 꼭 해 주고 싶은 말이 있어. 우리 인간은 문명에 적응하기 위해서 많은 것을 억압하지. 하지만 이 억압된 것은 꼭 다시 돌아오게 마련이야. 그리고 돌아올 때는 잘 알아볼 수 없도록 위장을 하지. 꿈이 자기의 소원을 위장해서 보여 주는 것과 비슷해. 그러니까 한수 군도 자유로워지고 싶거든 자신을 잘 관찰해야 할 거야. 한수 군을 괴롭히는 그 위장된 증상이 지금 당장은 자기를 괴롭히는 장애물 같지만, 잘 관찰한다면 다시 한수 군을 자유롭게 해 주는 실마리가 되기도 하니까."

나 자신을 잘 관찰하라고? 나는 어떤 사람일까? 안나 누나는 기침을 한다. 그리고 나는……. 나는 말을 더듬는다. 갑자기 배가 아플 때도 있다. 안나 누나는 아버지를 간호할 때, 밖에 나가 자유롭게 사교 활동을 하고 싶다는 감정을 억누르다가 아프게 되었다. 그렇다면 나는 무슨 감정을 억눌렀을까? 나에게도 분명히 내가 잘 관찰해야 할 증상이 있을 거다. 이제 나는 어떻게 해야 하지? 박사님은 이 증상을 자세히 살펴보면 답이 있을 거라는데 나도 할 수 있을까? 내가 알 수 없는 이 위장된 증상을 통해 실마리를 찾고 자유를 얻을 수 있을까?

프로이트 박사님과 이야기를 나누는 사이에 진료실에 도착했다. 오늘도 박사님의 동료들이 모이는 수요 심리학회 날이었다. 오전에 안나 누나를 진료하고 피곤했는지 박사님은 내내 앉아서 이야기했다. 다른 때는 이야기를 하다 이리저리 돌아다니기도 했는데 말이다.

박사님은 강의를 시작하기 전에 글쓰기 판 세 개를 나란히 놓았다. 첫 번째는 스케치북 크기의 종이 칠판을, 다음에는 평소에 사용하는 분필로 쓰는 칠판을, 마지막으로 '신비로운 글쓰기 판'을 놓았다.

박사님이 '신비로운 글쓰기 판'이라고 부르는 것은 어렸을 때 내가 가지고 놀았던 '매직 보드'와 비슷했다. 글씨를 쓰고 버튼을 누르면 글자가 지워지고 다시 쓸 수 있었다. 나도 거기에 그림을 그리고 글씨 연습도 많이 했다. 하지만 얼마 안 가서 싫증이 났는데, 매직 보드는 썼다 지웠다 하다 보면 원래 있던 자국이 조금씩 남아서 새로 그린 자국과 섞였기 때문이다. 이전에 그린 자국이 군데군데 남아 있어서 엄마한테 새로 사 달라고 졸랐었다. 그때 그 매직 보드는 어디로 갔을까? 박사님이 애들이나 가지고 놀 것 같은 칠판을 가지고 나오자 신기했다.

"여기 모인 분들은 자신의 기억에 자신이 있나요? 여러분은 어떨지 모르겠지만 저는 제 기억력을 믿지 않습니다. 제가 만나는 신경증 환자들도 비슷하지요. 우리의 기억은 불완전합니다. 만약 우리가 매일 있었던 일들을 모두 기억한다면 어떨까요?"

그때 내가 당장 떠올린 것은 시험이었다. 잘 안 외워지는 영어 단어를 그대로 기억하고, 어제 배운 수학 공식을 하나도 안 까먹는다면 좋겠다. 그럼 시험 100점은 당연할 텐데! 그런데 박사님은 내가 생각했던 것과 전혀 다른 이야기를 했다.

"흔히 우리는 기억은 능력이고 망각은 무능력이라고 생각하기 쉽습니다. 하지만 정말 그럴까요? 만약 모든 것을 기억하는 인간이 존재한다면 어떨까요. 다른 사람보다 많은 것을 기억하면 행복할까요? 아닙니다. 살다 보면 좋은 일만 있는 게 아니죠. 때로는 실수나 잘못을 하기도 합니다. 그런데 이 기억을 모두 간직하고 산다면 오히려 너무 힘들지 않을까요?"

박사님의 말을 듣고 보니 내 생각이 짧았다는 걸 깨달았다. 잊어버리는 게 약일 때도 많다. 내가 유미에게 고백했다가 차인 것도 그냥 잊는 게 낫고, 지난번에 시험 보다가 화장실로 달려간 것도 그냥 잊는 게 낫다. 아, 수행 평가 때 발표하다가 말을 더듬었던 것도 잊어야 한다. 나는 왜 이렇게 잊고 싶은 것이 많을까? 그리고 잊고 싶은 것은 이상하게 어제 일처럼 또렷하게 자꾸 기억이 난다. 혼자 이런저런 생각을 하는데 박사님은 준비된 맨 왼쪽 종이 칠판에 글씨를 썼다.

"인간의 기억력은 불완전하므로 중요한 것을 잊지 않기 위해 이런 종이에 글씨를 쓰고 기억하고자 합니다. 이를테면 이 종이는 우리 기억의 보조 장치지요. 자, 여기에 뭐라고 쓸까요? '수요일 저녁 7시 수요 심리학회 모임'이라고 써 볼까요. 이렇게 모임 이름을 쓰고 오늘 제가 한 강의에 대해서 메모를 하면, 이 종이를 잃어버리지 않는 한 오늘 모임의 내용에 대해서는 오랫동안 기억할 수 있습니다."

그래서 필기가 중요하다고 학교 선생님들도 강조했다. 영어 선생님은 수업 시간에 손이 안 움직이는 놈들은 다 딴 생각하는 놈들이라고 호통을 쳤다.

"그런데 한 가지 흥미로운 사실은 이 종이는 한정되어 있다는 겁니다. 제가 이 모임을 위해 준비한 종이 칠판은 딱 한 장짜리 종이로 만들어졌죠. 제 글씨로 서른 줄 정도 쓸 수 있는 크기군요. 따라서 이 종이 칠판은 한정된 기억만을 저장합니다."

박사님은 가운데에 있는 칠판을 가리켰다.

"이런 단점 때문에 종이 대신 쓰는 게 있죠. 평소 우리가 사용하는 분필로 쓰는 칠판입니다. 보세요. 이 칠판은 글씨를 쓰고 다시 지우개로 지우면 말끔히 흔적이 사라집니다. 그래서 무한대로 기록할 수 있죠. 하지만 이 지우개를 사용하는 순간, 앞에 적은 것이 모두 사라진다는 단점이 있어요. 그래서 영구적으로 남기긴 어렵습니다."

그리고 마지막으로 '신비로운 글쓰기' 판을 가리켰다.

"저는 이걸 얼마 전에 시장에서 샀습니다. 시장에서는 '신비로운 글쓰기 판'이라고 부르더군요. 상인은 저에게 이것은 영구적으로 글을 썼다 지웠다 하는 거라면서 자랑했습니다. 아이들 선물로 사 가면 좋아할 거라고 강력하게 권하더군요. 그래서 못 이기는 척하고 사 왔지요. 그럼 상인의 말이 맞는지 한번 시험해 볼까요?"

박사님은 뾰족한 철필로 '수요 심리학회'라는 글자를 썼다.

"자, 보세요. 이 글쓰기 판은 연필이나 분필이 필요 없습니다. 철필로 눌러 쓰면 이렇게 글자를 기록할 수 있습니다. 그런데 글자를 지우고 싶으면 어떻게 해야 할까요? 바로 여기 이 덮개 종이를 들어 올리면 됩니다. 그러면 '신비로운 글쓰기 판'은 글자가 말끔히 지워진 상태가 되어 새로운 글쓰기를 받아들일 준비가 되지요. 신기하지 않나요?"

박사님은 직접 글쓰기 판의 구조를 보여 주었다. '신비로운 글쓰기 판'은 얇은 셀로판지, 밀랍 종이, 부드러운 양초 같은 것으로 만들어진 평평한 판으로 이루어졌다. 양초로 된 판에 철필로 글씨를 쓰면 바로 자국이 나는 것과 달리, 이것은 밀랍 종이와 얇은 셀로판종이가 겹쳐져 있어서 직접 자국이 남지 않았다. 대신 두 종이가 눌려서 붙어 있을 때는 검은 필체로 보였다. 만약 쓴 것을 지우고 싶으면 밀랍 종이를 평판에서 떼어 내기만 하면 되었다.

"제가 오늘 이것들을 가져온 이유는 인간의 기억에 관해 설명하기 위해서입니다. 세 번째 보여 드린 글쓰기 판을 다시 볼까요? 이 글쓰기 판은 덮개 종이를 들어 올려 양초 판과 떨어지면 글씨가 사라져 버립니다. 다시 다른 글씨를 쓸 수 있죠. 하지만 자세히 보면 이전에 새긴 글자가 희미하게나마 자국으로 남아 있습니다. 저는 이 글쓰기 판의 구조가 인간의 기억과 닮았단 생각이 듭니다. 우리가 어떤 사물을 보고 자극을 받고는 금방 잊어버렸다고 칩시다. 그렇다고 그게 모두 사라져 버렸을까요? 아닙니다. 이 셀로판종이가 자극을 표면에서 받아들이는 거라면, 뒤에 있는 평판은 기억 조직이라 할 수 있죠. 표면상으로 보면 이전 글자의 자국은 사라진 것처럼 보입니다. 하지만 이렇게 희미한 흔적으로나마 기억 조직에 남아 있죠."

"우리가 받아들인 자극과 별개로 기억 조직에 흔적이 남는다는 건가요?"

"그렇죠. 지금 우리는 지금의 나에 대해 확신합니다. 그런데 나 자신이라는 것도 이전 기억의 흔적과 현재의 경험이 만나서 만들어진 거예요. 물론 모든 망각된 기억이 같은 수준의 흔적으로 남아 있다고는 할 수 없겠죠. 어떤 경험은 그야말로 흔적으로만 남아서 영영 다시 끄집어내지지 않는 것도 있어요. 하지만 우연히 흔적으로 남은 그 경험이 다른 경험을 만나면서 새로운 의미로 해석될 수도 있습니다."

프로이트 박사님의 이야기는 매우 흥미로웠다. 한 번도 기억과 망각에 대해 이렇게 깊이 생각해 본 적이 없었다. 그동안 내가 기억에 대해 생각한 것이라고는 '어떻게 하면 시험 때까지 영어 단어를

다 암기하나?' 정도였다. 그런데 기억이 흔적으로 남아 있다는 게 왜 그렇게 중요한 걸까?

"신경증 환자들을 분석하면서 저는 이들이 모두 과거의 기억, 그러니까 망각했다고 생각했던 것들에 관해 이야기하는 것이 흥미로웠습니다. 모두 현재의 증상에 대해 말하면서 묻지도 않았던 다양한 기억을 자주 끄집어내더군요."

"혹시 어린 시절의 기억이 많지 않나요? 제가 분석한 한 환자는 어린 시절의 기억, 특히 성(性)적인 기억을 많이 말하던데요."

프로이트 박사님의 진료실에 자주 오는 헤르츠 박사님이 말했다.

"맞습니다. 주로 어린 시절의 기억이 많지요. 물론 성(性)에 대한 경험도 빠지지 않습니다."

나는 그다지 떠오르는 어린 시절의 기억이랄 게 없는데, 신경증 환자들은 다들 기억력이 좋기라도 한 걸까?

"제가 관찰한 신경증 환자들은 과거의 기억을 자주 언급하더군요. 불쾌하다고 느낄 만한 경험을 합니다. 어린아이의 경우 부모가 하지 말라는 짓을 해서 혼이 날 수도 있고, 수치심을 느낄 만한 경험을 할 수도 있고요. 유난히 성(性)적인 경험이 많은 것도 이런 이유겠죠. 성(性)에 관련된 경험은 수치스럽기에 불쾌한 감정을 수반하는 경우가 많죠. 그런데 우리의 기억은 어떤가요? 상당 부분 그것들을 잊으려고 합니다. 모두 기억했다가는 머리가 터지고 말 테니까요. 그래서 적당히 잊고 살면서 그 과정에서 생긴 불쾌한 감정과 경험을 억지로 억압합니다. 하지만 이것은 언제든 다시 돌아올 수 있어요."

박사님이 '억압된 것은 돌아온다'고 했던 게 생각난다. 기억이라는 것도 그렇구나. 억지로 불쾌한 감정을 잊으려고 했거나 참았던 것은 다시 돌아올 수 있다.

"그러면 신경증 환자에게 반복적으로 나타나는 증상은 불쾌한 감정과 관련이 있나요?"

"저는 그렇다고 봅니다. 어쩌면 신경증 환자의 증상은 뒤늦게 그 불쾌를 어떻게 해서든지 표현하려고 하는 것인지도 모르겠습니다. 물론 당사자는 그 증상이 왜 나타나는지 알기 어렵고, 자꾸 반복되니 골치가 아프죠. 그래서 우리 같은 정신 분석가가 필요합니다."

그때 헤르츠 박사가 약간 침울한 표정으로 질문했다.

"그런데 저는 환자들의 과거 기억을 끄집어낼 때 몹시 괴롭습니다. 굳이 그걸 다시 끄집어내서 환자를 괴롭히는 게 맞는지⋯⋯. 오히려 영원히 망각하게 두는 게 낫지 않을까 하는 생각도 듭니다."

헤르츠 박사님의 말에 모임에는 순간 정적이 흘렀다. 잠시 고개를 끄덕거리던 프로이트 박사님은 굳은 얼굴로 말을 하기 시작했다.

"네, 괴로울 수 있습니다. 하지만 정신 분석은 환자가 생각하는 그 기억을 아예 망각하게 하려는 게 아닙니다. 그것은 가능하지도 않을뿐더러 그래서도 안 됩니다. 사실 환자들이 증상을 보이는 것은 괴로운 일을 그렇게나마 의식의 표면으로 내보이고 싶어서예요. 많은 사람이 무의식적으로 자신의 심연에 있는 것을 드러내고자 합니다. 뒤늦게나마 다시 떠오른 과거의 불쾌한 기억을 표현하고 극복하고자 하는데 그걸 막는다면 여러분은 어떤 생각이 들까요? 저는 이것이야말로 오히려 더 큰 모욕이라고 생각합니다."

이유는 모르지만 불쾌하고 우울하고 정말 어찌할 바를 몰라 방황하는 나한테 가만히 있으라고 한다면 그거야말로 절망이 아닐까? 물론 마음대로 내 증상을 떨쳐 내기도 어렵지만 말이다.

"그래서 저는 정신 분석은 의식의 표면으로 나온 것을 아예 지우는 게 아니라, 왜 이런 증상이 일어났는지 환자에게 이해시켜 주어야 한다고 생각합니다. 과거의 기억을 지울 수는 없어요. 하지만 그것이 왜 일어났는지 알려 주고, 환자의 잘못 때문이 아니라는 것도 말해줘야 합니다. 그래야 그 불쾌한 기억으로부터 조금은 자유로워지지 않을까요? 저는 정신 분석이 이런 것이 되어야 한다고 생각합니다."

낮고 조용한 프로이트 박사님의 마지막 한마디로 이번 모임은 끝이 났다.

[11] 대화를 통해 감정이 막힌 곳을 푸는 정신 분석 치료 방법이다. 이때 환자는 어떤 통제 없이 자유 연상만으로 말을 해야 한다. 그래서 '자유 연상법'이라고도 한다. 환자가 감추고 있던 경험이나 잊고 있던 기억에 대해 말하면 이를 재료로 하여 환자가 느끼는 히스테리의 원인을 찾는다.

[12] 프로이트는 히스테리를 '억압'을 통해 설명한다. 불쾌한 감정이나 기억을 무의식적으로 몰아낸다고 해도 감정이나 기억은 완전히 사라지지 않는다. 몽상이나 히스테리 증상은 과거에 억압된 것이 다시 돌아온 것이라고 할 수 있다. 물론 그것은 애초에 억압된 것과는 다른 모습으로 표현되어 돌아온다.

그라프 아저씨와 한스

다음 날 산책을 하고 들어오는 길에 진료실 문 앞에서 그라프 아저씨를 만났다.

"안녕하세요. 한스는 잘 지내나요?"

"여전하지. 오늘도 같이 산책이나 할까 했는데 밖에 나가는 게 싫은가 봐."

그라프 아저씨는 한스가 여전히 밖에 다니는 것을 무서워해서 혼자 왔다고 말했다.

아저씨는 프로이트 박사님의 진료실에 들어오자마자 가방에서 노트 한 권을 꺼냈다. 갈색 가죽 장정의 멋진 노트였다. 원래는 한스의 성장 과정을 기록하려고 마련한 노트라고 했다. 한스가 뒤집기를 하고 걸음마를 한 다음 엄마 아빠를 부르던 순간부터 최근에 나눈 대화까지 모조리 기록했다고 했다. 단정한 글씨가 빼곡한 노트는 아저씨의 성격을 그대로 보여 주었다.

"태어나면서부터 한스에게 중요한 변화가 있을 때마다 조금씩 메모를 했습니다. 물론 한스와 나눈 대화도 기록했고요."

"네, 좋은 자료군요. 정성이 대단하십니다."

"이렇게라도 해서 아들의 마음을 이해할 수 있다면 좋겠습니다. 박사님의 연구실에 드나들면서 배웠던 것들을 토대로 대화했는데 쉽진 않더군요."

"그래요. 쉬운 일은 아니지요. 하지만 이렇게 꼼꼼하게 기록했으니 한스의 마음을 분석하는 것이 불가능하진 않을 겁니다."

그라프 아저씨는 원래 음악을 전공하는데 정신 분석에 관심이 있어서 프로이트 박사님의 진료실에서 열리는 수요 심리학회 모임에 정기적으로 참여해 왔다. 그런데 마침 아들이 자신을 당혹스럽게 하는 행동을 하면서 박사님에게 배운 정신 분석 방법을 적용해 보았다고 했다.

"그런데 박사님, 정신 분석을 알게 되면서 어떤 게 좋은 분석인가 하는 의문이 생깁니다. 막상 제 아들에게 알 수 없는 증상들이 나타나니까 어떻게 해야 더 잘 분석할 수 있을까 고민이 되더군요."

그라프 아저씨가 고민을 털어놓는 동안 프로이트 박사님은 한참 생각하는 듯했다. 그러더니 말문을 열었다.

"저는 정신 분석이라는 것이 체스 게임과 비슷하다고 생각합니다. 체스 게임은 규칙이 정해져 있고 그 규칙에 따라 게임을 합니다. 시작과 끝은 비교적 분명하지만, 그사이에 일어나는 일은 변화무쌍

하지요. 정신 분석 역시 큰 원리를 공유하지만, 분석하는 사람과 분석 대상에 따라 접근 방식이 달라집니다. 그래서 저는 하나의 분석이 있다고 생각하지 않습니다. 환자가 하는 말도 다를 것이며, 그때그때 환자가 보여 주는 정서도 다를 테니까요. 분석가는 이런 미세한 차이를 잘 읽고 환자가 어떤 상태인지 알아내는 것이 중요합니다."

분석이 끝나고 나면 박사님이 왜 그렇게 녹초가 되는지 알 것 같았다. 그런 미세한 차이를 분석하느라 늘 커피를 달고 살며 두통이 끊이지 않는다고 했었다.

그라프 아저씨가 가져온 노트에는 흥미로운 사례가 많았다. 박사님은 노트를 한 장 한 장 넘기면서 꼼꼼하게 살펴보았다. 사소해 보이는 부분까지 질문하면서 기록을 다시 확인했다. 그리고 지난번 동생이 생겼을 때 한스가 황새 이야기를 사실인 것처럼 말하는 것에 대해서 다시 이야기하기 시작했다. 그라프 아저씨는 이후에도 그것 때문에 여러 차례 한스를 혼냈다고 했다.

"그다음부터는 한스가 황새 이야기를 하지 않던가요?"

"아니요. 막무가내로 황새를 봤다고 떼를 쓰면서 우는데 정말 진땀이 났습니다. 매번 황새에 대한 환상을 지어내더군요. 심지어 어떤 날은 동생 한나에게 '너는 황새가 데려왔어.'라고 속삭이더라고요. 아내는 한스가 상상력이 좋아서 그렇다고 자꾸 감싸는데 저는 아무래도 아닌 것 같아서 좀 더 그럴듯하게 말해 주려고 다른 방법을 썼어요."

"어떻게요?

"배 속에 있다가 마치 우리가 똥을 싸는 것처럼 나온다고 말해 주었지요."

"한스의 반응은 어땠나요?"

"이번에도 믿는 것 같더라고요. 그런데 또 문제가 생겼습니다. 자꾸 똥 이야기를 하고 집착을 하는 겁니다. 동물을 볼 때마다 '얘는 똥을 어떻게 싸지?', '똥이 나오는 구멍은 어디야?'라고 묻더군요. 그리고 하루는 자기도 아이를 낳을 거라는 겁니다. 그리고는 며칠을 화장실을 안 가고 똥을 참는 바람에 변비까지 생겼답니다. 아내는 변비가 심해진다고 걱정하더군요. 애 키우는 게 이렇게 힘든 줄 몰랐습니다."

"하하하. 한스가 동생이 태어난 이후로 고민이 많았나 봅니다."

"애들은 모두 순수하다고 생각했는데 우리 한스가 관심을 두는 건 온통 난감한 것들뿐입니다. 아이, 출산, 똥, 구멍……. 요즘에는 문득 일부러 아빠를 놀리는 것은 아닌가 하는 의심이 들어요. 노트에도 적었지만 난감한 질문을 얼마나 많이 하는지 모릅니다. 누군가에게 털어놓고 상담해 보려고 해도, 괜히 한스의 결점을 말하는 것 같아 꺼려지고요. 정말 답답합니다."

"한스가 지금처럼 밖에 나가려 하지 않은 것은 언제부터인가요?"

"정확한 날짜는 기억이 잘 안 나는데 아마도 작년, 그러니까 네 살부터인 것 같네요. 시골에서 빈으로 이사를 온 후인 듯합니다. 그런데 그 전에 제가 한스를 호되게 혼낸 적이 있습니다."

그라프 아저씨는 긴장이 됐는지 앞에 놓인 잔의 물을 벌컥벌컥 마시고 이야기를 다시 시작했다.

"한나가 태어나기 전이었어요. 그날 저는 일이 늦게 끝나 식구들이 다 자고 있을 시간에 집에 들어갔지요. 그래서 자는 아이들 얼굴이나 보려고 한스 방의 문을 열었습니다."

"한스는 혼자 자나 보군요."

"네. 이제 동생도 태어날 거고 세 살이 넘었으니 혼자 자는 버릇을 들이는 중이었어요. 처음에는 엄마와 떨어져 자는 것을 싫어했는데 몇 번 설득했더니 알겠다면서 혼자 자겠다고 하더군요. 그런 한스가 대견했습니다. 그날도 아들이 자는 모습을 보려고 문을 열었는데 이 녀석이 아직 잠을 안 자고 있더군요. 그런데 글쎄 그게 참…… 말씀드리기 민망하지만 발가벗고 거울로 자기 몸을 보고 있더라고요. 전 깜짝 놀라 한스에게 막 뭐라고 했어요. 이렇게 늦게 자면 키도 안 크고 나쁜 사람이 와서 고추도 떼 가 버릴 거라고 말입니다. 그랬더니 겁을 먹었는지 다시는 안 그러겠다고 하더군요. 그런데 그 뒤에도 몇 번이나 아랫도리에 손을 넣고 있거나 바지를 입지 않으려고 하는 걸 들켰지요."

"그때 한스 어머니는 어땠나요?"

"제가 너무 아들을 엄하게 키운다고 그만 좀 혼내라고 하더군요. 물론 그 말도 맞는데 이상하게 자꾸 윽박지르게 되네요. 저도 어릴 때부터 엄한 교육을 받았던지라 제 아이만큼은 최대한 자유롭게 키우고 싶었습니다. 그런데 어떻게 된 일인지 쉽지가 않아요."

갑자기 아빠 생각이 났다. 아빠도 할아버지가 엄청 무서웠다고 몇 번이나 말하곤 했다. 그러면서 자기는 그렇게 무섭게 굴지 않아서 다행인 줄 알라고 했다. 하지만 나에게 아빠는 가까이하기에는 너무 엄하고 어려운 존재였다.

아빠는 무슨 일이 있을 때마다 왜 자기에게 미리 말하지 않았느냐고, 요즘 애들은 참 알 수 없다고 하지만 그건 정말 모르는 소리다. "요즘 애들은……"으로 시작하는 잔소리를 하거나 "사내놈이!" 하고 호통을 치니까 그런 거다. 어른들은 왜 그렇게 성격이 급할까? 그냥 좀 지켜봐 주면 안 되나? 그러고 보면 한스에게 몇 번 호통을 쳤다고는 하지만 그라프 아저씨는 대단하다. 아들의 이상한 증상을 열심히 노트에 적어서 분석해 보겠다고 이렇게 끙끙대고 있으니 말이다. 아저씨는 계속해서 한스에 대해 이야기했다.

"작년에 한스와 함께 집 앞에 산책하러 나간 적이 있습니다. 그런데 그날 마차 사고가 나는 걸 바로 앞에서 보게 됐어요. 어린애가 놀랐겠단 생각은 듭니다. 그렇다고 그 이후로 말만 보면 계속 겁에 질린다는 게 이해가 안 됩니다. 급기야 최근에는 말이 있든 없든 밖에 나갈 수 없게 되어 버렸고요. 이제는 아예 밖에 나가려고 하질 않습니다."

프로이트 박사님은 그라프 아저씨의 이야기가 다 끝나자 입을 열었다.

"가져오신 노트와 들려주신 이야기를 참고했을 때 한스가 보이는 행동은 성(性)적인 문제와 관련이 있어 보입니다. 그러니까 거짓말을 하거나 밖에 나가기 싫어하는 증상을 일시적으로 멈추도록 하는 것보다는 왜 이런 행동을 하는지에 관심을 가져야 합니다."

"그럼 이제 어떻게 해야 할까요?"

"한스는 어린 동생의 탄생을 계기로 지적 호기심이 생긴 듯합니다. 그것은 모두 성(性)적인 것에 관련된 호기심이기도 하고요. '아이는 어떻게 태어날까? 태어난 아이도 나처럼 생겼을까?' 이런 고민을 한 겁니다. 그래서 엄마 아빠에게 물어봤는데 두 분의 대답이 충분하지 않았던 거지요."

"제가 대처를 잘못해서 생긴 일인가요?"

"그라프 씨를 탓하는 말은 아닙니다. 누구에게나 쉬운 문제는 아니지요. 이유는 분명하지 않지만, 아이들의 지적 호기심은 성(性)에 대한 것과 무관하지 않습니다. 아니 오히려 늘 함께 있지요. 그런데 이 호기심을 잘 풀어 주지 못하면 스스로 지식을 추구하기 시작합니다. 한스의 경우 황새를 봤다고 하는 것이 대표적이지요. 한스는 황새 환상을 만들어서 자기 나름대로 호기심을 풀려고 한 거예요."

박사님의 말을 듣고 보니 신기했다. 아이들은 단순히 거짓말을 하는 게 아니라 환상을 만들어서 호기심을 충족한다고? 나도 그랬는지 기억이 잘 나지 않는다. 다섯 살 한스의 환상처럼 나에게도 그런 환상이 있었을까?

"그럼 그때 한스의 질문에 너무 소홀하게 대답한 것이 문제가 된 건가요? 나름대로 부모의 입장에서 최대한 노력한다고 했는데……."

"부모님을 탓하려고 하는 말은 아닙니다. 다만 지금 제가 말씀드릴 수 있는 것은 이런 상황에서 권위로만 억눌러서는 안 된다는 겁니다. 한스가 보이는 증상도 너무 심각하게 받아들일 필요가 없습니다. 아이들이 호기심을 해결하는 과정에서 일어나는 자연스러운 현상이니까요."

박사님의 말이 잠깐 멈춘 틈을 타 나도 질문을 하나 했다.

"그런데 저는 어릴 때 한스처럼 환상을 만들었는지 잘 기억이 나지 않아요. 아이들이 어떻게 그런 생각을 하는 걸까요? 혹시 한스가 머리가 좋아서 그런 건 아닌가요?"

"하하하. 그때 만든 환상을 지금 기억하는 건 무리지. 한수 군은 벌써 커 버렸잖아. 하지만 아이들은 자기가 알고 싶어 하는 것이 잘

6

한스 아저씨를 만나다

충족이 안 될 때 환상을 만들지. 일종의 놀이 같은 건데, 한수 군은 바닷가에서 모래성을 쌓아 본 적이 있겠지?"

"네. 어렸을 때 가족끼리 바닷가 갔을 때요."

"모래성 쌓을 때 어떻던가? 완성했다 싶으면 금방 파도가 밀려와서 성을 무너뜨리지만 아이들은 계속 쌓지. 허물어지면 울다가 다시 만들어 달라고 떼를 쓰기도 하고 말이야. 성을 쌓으면서 아이들은 무슨 생각을 할까? 자기만의 세계를 만들고 있는 것은 아닐까? 아이들은 놀이를 통해 소원을 충족시키는 거야. 모래성 쌓기도 환상 만들기라고 할 수 있지."

"그럼 아이들이 만드는 환상은 성(性)적인 것만 있나요?"

"아니야. 환상은 무척 다양해. 난 아이들이 자신의 출생에 대해서도 재미있는 환상을 가지고 있다고 생각하지. 그래서 〈가족 로맨스〉라는 논문을 쓰기도 했는데, 아이들은 자기 부모를 실제의 부모보다 더 강하고 멋진 사람이라고 생각하길 좋아해. 그래서 지금 있는 부모는 친부모가 아니라고 생각하는 거야."

가만히 듣고 있던 그라프 아저씨가 갑자기 질문했다.

"소설에서 많이 봤습니다. 잃어버린 아버지를 찾으러 떠나는 모험담 같은 거 아닌가요?"

"맞습니다. 소설이 그런 경우를 자주 보여 주죠. 아버지 없는 사생아지만 온갖 고난을 겪으면서 성장하고 진짜 아버지를 찾아가는 내용이 많아요. 이런 소설은 인간이 가진 무의식적인 환상을 보여 주는 것이기도 합니다. 인간은 스스로 만든 환상, 로맨스 속에서 성장하죠."

"그럼 꼭 아이들만 환상을 만드는 게 아니네요?"

"그렇습니다. 소설가가 작품을 쓰는 것도 현실에 존재하지 않는 환상을 만든다는 점에서 유사하지요. 보통의 성인들도 의식하지 못할 뿐 역시 환상을 계속 만들어 냅니다."

나는 갑자기 엄마랑 누나가 좋아하는 드라마가 생각났다. 드라마 속 주인공은 어찌나 출생의 비밀이 많은지. 맨날 유치하다고 하면서도 그런 드라마가 인기 있는 것은 엄마나 누나에게도 환상이 있기 때문일까? 그래서 사람들은 드라마를 보면서 대리 만족을 얻는지도 모르겠다.

"아이들이 환상을 만든다는 것도 놀랍지만, 그렇게 빨리 자신의 성(性)에 대해 인지하고 출생 과정이나 자기 신체에 호기심을 갖는다는 걸 미처 모르고 있었습니다."

"대부분의 사람들은 그렇죠. 아이들은 출생과 성장 과정, 성(性)에 대해 무지할 것으로 생각하지요. 하지만 제가 관찰한 결과 그렇지 않습니다. 많은 신경증 환자의 경우를 봐도 그렇고요. 성(性)적인 것은 우리가 예상하는 것보다 훨씬 더 어릴 때부터 인간에게 중요한 부분으로 작동하고 있더군요."

그라프 아저씨는 프로이트 박사님의 설명을 듣고 충격을 받은 것 같았다. 자기 아들이 생각보다 순수하지 않다는 사실 때문일까? 어린 시절 엄마 아빠도 드라마를 보다가 키스 장면이 나오면 괜히 화들짝 놀라서 다른 데로 채널을 돌리곤 했던 기억이 났다. 아마 내가 아무것도 모르는 순진한 아이라고 생각해서가 아니었을까? 어른들은 자기들도 어린 시절을 보냈으면서 어린애들은 순수하다고만 생각하고 싶어 한다.

"그렇다면 한스는 제가 자신의 지적 호기심을 방해해서 저를 무서워하는 걸까요? 제가 몇 번 혼낸 뒤로는 엄마하고만 있으려고 해요."

"네, 그럴 수 있습니다. 한스는 아빠를 자신의 지적인 호기심을 방해하는 사람이라고 생각하고 있어요. 그래서 아빠를 무서워하게 된 것이고, 이것이 한스가 말을 무서워하는 이유와도 관계가 있지 않을까 생각해 봅니다. 어떤 이유에서인지 한스는 말과 아버지를 동일시한 것이지요."

"동생이 태어난 것과도 관련이 있을까요? 한스가 성(性)에 대해 호기심을 보인 것이 동생이 태어날 즈음부터인 것 같아서요. 동생에 대한 질투 때문일까요?"

"그럴 수 있죠. 한스는 이전까지 엄마의 사랑을 독차지하고 있었을 겁니다. 그런데 점차 자라면서 엄마에게 나 외에 다른 존재가 있다는 것을 알게 된 거죠. 아빠는 물론이고 새로 태어난 동생까지요. 이때 자신이 엄마와 나누던 안정적인 관계가 깨질지 모른다는 공포가 생길 수 있습니다. 이러한 관계의 변화는 한스의 호기심을 더욱 증폭시켰겠죠.”

“그렇군요. 한스의 상태에 대해 제가 무심했군요.”

“그래서 아이가 어떻게 나오느냐고 물어봤던 거예요. 한스가 똥에 집착하는 것도 이런 맥락에서 중요한 현상입니다. 한스는 동생이 배 속에서 나온다는 말에 ‘그러면 내가 똥을 누는 것 같이 나오나?’ 하고 나름대로 지식을 구성해 본 것이죠. 물론 자기 몸에 관심을 두는 것도 같은 맥락이고요.”

한스도 참 고민이 많았을 거라는 생각이 들었다. 그런데 모든 아이가 다 한스와 비슷할까? 나도 동생은 없지만, 만약 있었다면 한스처럼 행동했을까?

“제 조카 중에 한스랑 비슷한 애가 있어요. 똥 이야기하면 막 웃고요. 똥이 나오는 동화책도 좋아하던데요. 그럼 개도 성(性)에 대한 호기심을 지적으로 풀어내는 건가요?”

“하하하. 좋은 질문을 하는구나. 한수 군의 조카도 비슷한 경우일 수 있지. 그렇다고 같은 상황이라고 일반화하기보다는 각각의 상황을 들어 보고 분석해야 해.”

박사님은 그라프 아저씨에게 눈길을 돌리며 말했다.

"그라프 씨에게도 당부하고 싶군요. 지금 이 자리에서 우리가 분석한 것은 순전히 한스라는 한 아이에 대한 분석입니다. 모든 경우에 하나의 사물이나 이미지가 단일한 의미가 있는 것은 아니니 그건 꼭 염두에 두시길 바랍니다."

"그렇군요. 그런데 이제 어떻게 해야 할까요? 엄마 치맛자락을 붙잡고 안 놓으려고 하니 말입니다. 처음엔 동생 앞에서 어른스러운 오빠 노릇을 하려고 하더니 이젠 그마저도 안 합니다. 동생에게 사납게 굴기까지 하고요."

"지금은 대화를 하면서 한스의 마음을 이해하도록 노력하는 수밖에 없습니다. 한스의 공포증은 어머니와 함께 있기 위한 것으로도 보이니까요. 억지로 밖에 내보냈다가는 엄마와 떨어뜨려 놓으려는 시도라고 오해할 수도 있어요. 시간을 두고 차근차근 한스의 불안을 풀어 줘야 합니다."

"한스가 보이는 증상이 다른 애들에 비해 심각하게 비정상인 건 아니겠죠? 아내가 걱정을 많이 해서요. 저도 사실 좀 자신이 없고요. 제가 아들의 불안을 풀어 줄 수 있을까요?"

"정도의 차이는 있지만 모든 아이가 한스와 비슷하다고 생각합니다. 인간은 누구나 태어나는 순간부터 이 세계와 갈등하고 투쟁하지요. 한스는 지금 자신이 할 수 있는 일과 해서는 안 되는 일을 구분하고 배우고 익히는 과정에 있어요. 인간이 사회에 적응하기 위해서 누구나 거치는 과정입니다. 그러니 너무 걱정하지 않으셔도 됩니다."

이날 그라프 아저씨의 상담이 끝나고 나는 새로운 사실을 알게 됐다. 프로이트 박사님의 연구 대상이 어른들만이 아니라는 것 말이다. 한스라는 다섯 살 난 아이에게도 말 못 할 고민이 있었다.

그라프 아저씨가 말하는 한스의 행동은 매우 사소해 보였다. "나 어디에서 태어났어?"라고 묻거나, 벌거벗은 몸을 거울에 비춰 보거나, 말을 무서워하는 것. 이것들은 그냥 봐서는 모두 별것 아닌, 서로 아무런 관계가 없는 행동이라고 생각되었다. 하지만 프로이트 박사님과 그라프 아저씨는 하나하나 따져 물으며 한스의 어려움을 찾아냈다. 신기한 경험이었다. 박사님이 말하는 정신 분석이라는 게 정말 중요한 작업이구나.

사실 나는 이야기를 듣고 있었던 게 전부였다. 그런데 마치 내가 한스라는 아이의 내면을 분석한 것 같은 뿌듯함이 들었다. 나와 이름이 비슷한 아이의 사연이라서일까? 다른 환자 이야기보다 이상하게 마음이 쓰였다. 이제 한스가 더 이상 무서워하지도 외로워하지도 않았으면 좋겠다.

그라프 아저씨가 보여 준 그림이 떠오른다. 한스가 가족을 그린 거라던 그림에는 둥글둥글한 얼굴에 어설픈 눈, 코, 입이 있는 네 사람이 일렬로 서 있었다. 가장 작게 그린 얼굴은 한스의 동생 한나 같왔다. 그리고 나머지 세 사람의 키는 모두 비슷했다. 치마를 입은 여자인 엄마는 날씬한데, 두 남자는 비슷한 덩치에 비슷한 키로 그렸다. 콧수염이 있고 안경을 쓴 키 큰 사람이 아빠라면 그 옆의 남자가 한스다. 한스는 자기 자신을 아빠 못지않게 크게 그렸다. 그 그림에서 나는 아빠만큼 얼른 자라고 싶다는 한스의 소망을 보았다.

프로이트 박사님의 분석대로라면 한스는 지금 자기보다 힘이 세고 강한 '아버지'란 존재를 인식하기 시작했다. 아빠가 한스를 야단칠 때 알게 되었을 것이다. 한스는 그런 아빠의 존재를 인식하면서 조금씩 자라고 있는 게 아닐까? 그렇다면 한스가 밖에 나가기 싫어하는 것도 박사님의 말처럼 과도기 증상일 수 있다. 아빠처럼 얼른 성인이 되고 싶지만, 한편으로는 아이로 머물면서 엄마의 사랑을 받고 싶은 것이다. 하긴 나도 그랬다. 아빠가 혼내면 어찌나 서러웠던지. 아빠가 혼낼 때는 꾹 참고 있다가 할머니나 엄마가 내 편이라도 들어 주면 참았던 눈물까지 쏟아졌으니까.

프로이트 박사님은 그라프 아저씨가 집에 돌아가자, 환자와의 상담이 끝났을 때 늘 그런 것처럼 조금은 피곤해 보였다. 그러면서도 다른 때보다 표정은 밝아 보였다.

"박사님, 오늘은 평소보다 덜 피곤해 보이시네요? 기분이 좋아 보이기도 하고요."

"그런가? 오늘 그라프 씨와 이야기하면서 중요한 사실을 확인했거든."

"그게 뭔데요?"

"사실 이렇게 어린아이를 자세하게 분석해 본 것은 한스가 처음이네. 물론 그라프 씨가 잘 기록해 두어서 가능한 일이기는 하지만 말이야. 오늘을 계기로 어린아이가 성(性)에 대한 호기심을 어떻게 해결하는지 확인했어. 그러니 역사적인 날 아니겠니?"

"그런데 아직도 잘 이해가 안 되는 게 있어요. 다섯 살짜리 어린애의 호기심을 말하면서 꼭 성(性)에 관해 이야기해야 하나요? 솔직히 어색하기도 하고 낯설었어요. 오늘처럼 어른들하고 성(性)에 대해서 말해 본 건 처음이에요."

"그래, 그럴 수 있지. 성(性)이라고 하면 떠오르는 이미지 때문일 거야. 하지만 무조건 부끄럽다거나 위험하다거나 하는 대신에 좀 더 과학적인 방식으로 제대로 다룰 필요가 있지. 마침 이따 내 동료들이 들르기로 했으니까 그때 더 이야기할까?"

박사님은 다시 서재로 들어가 무언가를 쓰기 시작했다. 나는 성(性)이라고 하면 야한 이야기인 줄로만 알았다. 어떤 주제든 심오한 문제로 바꿔 놓는 박사님의 이야기가 이제는 기다려지기까지 한다.

7

오이디푸스

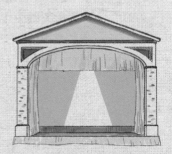

저녁 모임까지 시간이 남아서 잠깐 산책이나 할까 하고 밖으로 나갔다. 햇살은 쏟아지고 사람들은 노천카페에서 차를 마신다. 오늘따라 빈의 청년들이 멋져 보였다. 다들 커피잔을 앞에 하나씩 두고 무슨 이야기를 하는지 쉴 새 없이 웃고 떠든다. 부러운 마음에 한참 쳐다보는데 낯익은 얼굴이 있었다. 안나 누나다! 누나도 나를 알아봤는지 반갑게 인사했다.

"한수야, 너 여기서 뭐 해? 너도 커피 마시게?"

"아니요. 전 돈이 없어서요. 그냥 구경하고 있어요."

"그럼 내가 커피 한잔 사 줄까? 아직 꼬맹이니까 다 마시진 말고 맛만 봐."

안나 누나는 갑자기 자기가 앉아 있던 테이블 의자를 나에게 앉혀 주었다. 화창한 햇살 덕분일까? 누나의 얼굴에 한결 여유가 있었다.

"그런데 여기 혼자 있는 거예요? 이렇게 막 돌아다녀도 돼요?"

"응. 잠깐 가정교사 선생님 몰래 땡땡이 치고 나온 거야. 원래는 피아노 레슨 가는 날인데."

"몸은 좀 괜찮아요? 프로이트 박사님 말씀이 누나가 아프다고 하던데."

"그랬지. 그런데 나 지금도 아파 보여?"

"그런 건 아닌데요. 그래도 걱정이 돼서요."

"괜찮아. 아픈 사람이라고 맨날 집에 누워만 있으란 법 있니? 이렇게 산책도 하는 거지, 뭐."

안나 누나가 장난스럽게 웃었다. 나중에 집에서 혼나는 건 아닌지 걱정도 됐지만, 누나의 마음이 이해가 갔다. 하긴 그렇지. 이렇게 따뜻한 햇볕 아래에서 차도 마시고 산책도 해야 병이 낫지. 누나가 사 준 커피에는 하얀 크림과 우유 거품이 잔뜩 있었다. 한입에 달달한 크림과 고소한 우유 거품이 쏟아졌다. 끝내주게 달콤했다. 이런 맛이구나! 어서 빨리 대학생이 되어야겠다고 생각하면서 커피잔을 내려놓는데 누나가 갑자기 막 웃었다.

"한수야, 너 진짜 웃긴다."

"왜요? 제 얼굴에 뭐라도 묻었어요?"

"응, 묻었어. 입술 좀 봐 봐."

이게 그 유명한 비엔나커피인가 보다. 드라마에서 여주인공이 이렇게 커피를 마시다가 거품을 입술에 묻히는 걸 보고 막내 누나가

저게 비엔나커피라고 아는 척을 했었지. 막내 누나는 내가 빈에서 비엔나커피를 마셔 본 걸 알면 얼마나 놀랄까.

"무슨 생각을 하는데 그렇게 웃고 있어? 그나저나 너 오늘 시간 있니? 누나랑 같이 연극 보러 안 갈래?"

"네? 연극이요?"

"응. 지난번에 우리 만났던 공원 생각나지? 오늘 두 시부터 한다는데 나 혼자 가기는 그렇고. 잘됐다. 같이 가자."

안나 누나를 처음 만났던 공원으로 같이 걸어가면서 나도 모르게 주위를 자꾸 두리번거렸다. 이런 내가 신경 쓰였는지 안나 누나가 왜 그렇게 안절부절못하냐며 웃었다. 여자랑 단둘이 난생처음 연극을 보러 가는 내 마음을 들킨 것 같아 민망했다.

공원에 마련된 노천극장은 아담한 규모였지만 공연은 근사했다. 연극 제목은 '오이디푸스 왕'이었다. 이제까지 학교에서 하는 학술제에서 연극 동아리 친구들이 하는 연극을 본 게 전부인 나는 눈이 휘둥그레질 수밖에 없었다. 그리스식 복장을 하고 나온 배우들, 오이디푸스 역할을 맡은 배우가 펼치는 실감 나는 연기. 〈오이디푸스 왕〉이 유명한 그리스 비극이라고는 알고 있었지만, 이렇게 직접 보니 기분이 색달랐다.

〈오이디푸스 왕〉의 비극은 그리스 테베에서 왕이 태어난 아들을 버리는 것에서 시작된다. 왕은 자기 아들에 대한 불길한 신탁[13]을 듣고 아들을 죽이라고 부하에게 명령을 내렸다. 하지만 부하는 마음이 약해서였는지 어린아이를 죽이지 않았다. 운 좋게 아이는 코린토스의 왕이 거두었고 왕자로 자랐다. 이 왕자가 바로 오이디푸스다. 어느 날 오이디푸스는 사람들이 자신의 출생에 대해 쑤군대는 걸 듣는다. 자신이 코린토스 왕의 친자식이 아니라는 소문이었다.

오이디푸스는 소문의 진상을 확인하려고 신탁을 들으러 갔다가 더 괴로워진다. 불길한 신탁을 다시 듣게 된 것이다. 그는 자신이 아버지를 죽이고 어머니와 결혼한다는 신탁을 받았음을 알게 되었다. 그래서 무서운 예언을 피하고자 집을 떠났다. 하지만 그가 집을 떠난 건 바보 같은 짓이었다. 우연히 길에서, 한 번도 본 적 없는 친아버지를 마주쳤고 아버지를 죽이게 되었으니까. 그리고 다시 테베로 돌아와 역시 한 번도 본 적 없는 친어머니를 아내로 맞이했다.

결국 오이디푸스는 불길한 신탁을 피해 코린토스를 떠났지만, 오히려 그 탓에 신탁을 피하지 못했다. 어쩐지 오싹했다. 특히 마지막에 운명을 저주하면서 자신의 눈을 찌르는 장면에서는 어찌나 배우가 실감 나게 연기하는지 내 눈을 찌르는 것처럼 소름이 돋았다. 나도 모르게 비명이 튀어나올 뻔한 것을 간신히 참았다. 얼른 입을 막아서 다행이지 안 그랬으면 안나 누나 있는 데서 망신을 당할 뻔했다.

공연이 끝나고 누나와 함께 다시 공원을 빠져나오는데 누군가 나를 부르는 소리가 들렸다. 여기에 내 이름을 부를 만한 사람이 없는데 누구지? 소리가 난 쪽으로 고개를 두리번거렸다. 오스만 형이었다.

"한수야, 너도 이 공연 본 거야?"

"네. 형도 공연 봤어요?"

"응. 형 같은 예술가가 안 볼 수 없지. 한수도 안목이 있구나. 연극을 다 보러 오고."

"아, 그게…… 이 누나가 보자고 해서요."

우리가 인사 나누는 것을 지켜보던 안나 누나에게 오스만 형을 소개했다.

"처음 뵙겠습니다. 저는 오스만이라고 해요. 원래는 법학이 전공인데 배우를 꿈꾸고 있어요."

"안녕하세요. 안나라고 해요. 저도 연극 좋아해요. 반가워요."

모처럼 재미있는 연극을 봐서일까. 아니면 내 옆에 예쁜 누나가 있어서일까. 오스만 형은 기분이 매우 좋아 보였다. 우리는 함께 안나 누나를 집까지 바래다주며 이야기를 나눴다.

오스만 형은 내가 처음으로 연극 공연을 봤다고 하니까 깜짝 놀랐다. 형은 어릴 때부터 부모님 손을 잡고 극장에 따라다녀서 공연 보는 게 익숙하다고 했다. 철들고 나서부터는 혼자 연극, 음악회, 오페라 등 다양한 공연을 찾아다니며 봤다고 했다. 그러다 보니 자연스럽게 무대를 동경하게 되었다는 게 형의 설명이었다. 형은 연극 무대를 무척 사랑하지만 부모님의 반대로 연극을 취미로 할 수밖에 없는 고충까지 이런저런 이야기를 털어놓았다.

안나 누나는 형의 말을 들으면서 종종 웃기도 하고 맞장구도 쳐 주었다. 그런 안나 누나 때문일까? 형이 이렇게 말이 많은 사람인 줄 몰랐다. 예술을 사랑하는 지적인 청년인 줄로만 알았던 형이 잘난 척까지 해서 조금 당황스럽기도 했다.

나는 오스만 형이 기왕 기분이 좋은 김에 내 궁금증도 좀 풀어야겠다고 생각했다. 사실 연극이 재밌긴 했는데 영 개운하지 않은 부분이 있었다. 오이디푸스가 하는 행동을 도통 이해하기 어려웠기 때문이다.

"형, 저는 좀 이해가 안 가요. 오이디푸스는 나름대로 비극적인 결말을 피하려고 한 것 같은데 운명이 너무 가혹해요. 형이 이 연극을 제일 좋아한다니까 물어보는데요, 형은 비극이 뭐가 그렇게 좋아요?"

"그래, 네 말대로 가혹한 운명이지. 그럼 오늘 본 것을 다시 생각해 볼까?"

"네. 형은 어떻게 봤는지 궁금해요."

"오이디푸스는 그리스의 도시 국가 테베의 왕이고, 이야기는 전염병이 돌고 있는 상황에서 시작되었지. 백성들은 왕에게 제발 전염병에서 벗어나게 해 달라고 요청했고, 오이디푸스 왕은 신에게 물었어. '어떻게 하면 전염병을 멈출 수 있을까요?' 그러자 신은 도시에 부정한 사람이 있어서 전염병이 돈다고 했지."

마치 자신이 오이디푸스가 된 양 심각한 표정을 지으면서 줄거리를 다시 요약하는 형의 모습이 너무 진지해 보여 웃음이 났다. 하지만 모처럼 연극 이야기를 하면서 신이 나는 형을 방해할 순 없었다. 그때 형이 갑자기 걸음을 멈추고 물었다.

"그런데 그 부정한 사람은 누구였을까?"

"오이디푸스요."

"그래. 그 부정한 사람이란 아버지를 죽이고 어머니와 결혼한 사람을 말해. 오이디푸스는 그 말을 듣고 놀라면서 자신이 반드시 그 부정한 사람을 처벌하고 도시를 전염병으로부터 구해 내겠다고 신에게 맹세했어."

"전 그게 이상했어요. 왜 그렇게 바보 같은지. 자기가 어떤 사람인지 그렇게 모르다니요."

"맞아. 불행의 원인이 너무 가까운 곳에 있었지. 바로 자기 자신이었어. 오이디푸스는 자기에 대해서 잘 몰랐어."

"그래서 답답했어요."

"그런데 자신에 대해서 잘 모르는 사람이 오이디푸스뿐일까? 우리도 그런 것 같아. 내가 어떤 사람인지, 내가 무엇을 원하는지 잘 모르잖아. 나만 그런가?"

생각해 보니 맞다. 이제까지 오이디푸스라는 남자가 처한 상황이 너무 극단적으로 보였는데, 오스만 형의 말을 듣고 보니 꼭 그렇지만은 않았다. 그때 이야기를 듣고 있던 안나 누나가 말을 꺼냈다.

"오스만 씨가 말하는 것처럼 우리도 오이디푸스와 비슷한 처지에 있는지도 모르겠어요. 그래서 아마도 이 비극이 오랫동안 인기가 있겠지요? 저도 책으로만 읽다가 오늘 공연을 봐서 무척 좋았어요. 그런데 여전히 이해가 안 되는 게 있어요. 오이디푸스는 자신이 코린토스 왕의 친아들이 아니라는 사실을 소문을 통해 벌써 알지 않았을까요? 코린토스에서 가출할 때 말이죠. '알면 좀 더 조심하지……' 하는 생각도 드네요. 이제까지 나를 길러 준 사람이 부모가 아니라면, 다른 데서 우연히 친부모를 만날 수도 있잖아요."

"안나 씨 의견도 재밌네요. 오이디푸스가 성급한 면이 있네요."

"오이디푸스의 어머니는 어땠을까 하는 생각도 들어요. 연극에서는 비중이 작지만 자기 남편이 아들을 버리겠다고 했을 때 어땠을까요? 결국 그녀의 가족이 신탁을 피하지 못했다는 사실을 어떻게 받아들였을까요?"

"그렇군요. 안나 씨 이야기를 듣다 보니 이 비극을 좀 더 다양하게 읽을 수도 있겠단 생각이 드네요."

연극에 대한 감상을 나누는 것으로 시작된 이야기는 안나 누나의 집 앞에 도착할 때까지도 끝나지 않았다. 어느 순간 두 사람 눈에 나는 보이지도 않는지 좋아하는 책, 프로이트 박사님의 연구에 관한 이야기까지 화제가 끊이지 않았다. 오늘 처음 만난 사람이 맞나 의심이 들 만큼 화기애애해서 질투가 날 정도였다. 결국 누나를 찾으러 무서운 가정교사가 문밖으로 나왔을 때야 두 사람은 아쉬운 작별 인사를 했다.

오스만 형은 집으로 곧장 가지 않고 진료실로 가는 나를 따라오면서 안나 누나에 대해 이것저것 캐물었다. 하지만 나도 우연히 한두 번 본 게 전부라 아는 건 없었다. 아무래도 오스만 형이 안나 누나에게 관심이 생긴 모양이다.

오스만 형과 헤어지고 프로이트 박사님의 진료실로 돌아오니 예고한 대로 손님들이 모여 있었다. 박사님은 오늘 중요한 손님들이 온다고 했었다. 죽 둘러보니 늘 수요 심리학회에 모이는 브롬 박사님과 처음 보는 다른 남자 선생님이 있었다. 그는 깔끔하게 빗은 머리에 동그란 안경을 쓰고 있었다. 브롬 박사님은 그를 융[14] 박사님이라고 소개했다.

프로이트 박사님은 한스에 대해 연구한 것을 두 박사님에게 발표했다. 그러면서 환자의 명예가 걸린 문제이니 아직은 외부에 알리지 말 것을 당부했다.

"이번에 다섯 살짜리 어린아이의 성(性) 충동[15]을 분석하면서 다시 한번 확인했네. 인간의 성(性) 충동이 성인의 것만이 아니라는 사실을 말이야."

"성(性)을 이야기하면서 충동[16]이라는 단어를 사용하는 것에 대해 좀 더 설명해 주겠나?"

브롬 박사님의 요청이었다.

"동물에게는 본능이라는 말을 쓰지. 동물은 알고자 하는 욕망이나 쾌락에 대한 추구가 없으므로 본능이라는 말을 쓰는 게 적당하다고 생각하네. 동물에게 성(性)은 단순히 육체적인 측면이야. 그런데 인간의 성(性)은 그렇지 않지. 단순히 종족 번식을 위한 것이라고 한정할 수 없어. 육체적인 것뿐만 아니라 쾌락과도 관련되어 있으니까. 특히 알려고 하는 욕망, 그러니까 지적인 형태로도 표현이 되지. 난 인간의 성(性)은 육체적이면서도 정신적인 면을 함께 지녔다고 보네. 그래서 본능이라고 하지 않고 충동이라고 해야 더 적당하지."

"그 성(性) 충동이 어린아이에게도 있다고 생각한다는 건가?"

브롬 박사님이 이어서 질문했다.

"그렇네. 이제까지 우리는 성(性)에 대해 말하기를 매우 꺼려 왔어. 점잖지 못한 사람이나 성욕에 대해 떠벌린다고 생각했지. 하지만 그렇지 않네. 남자고 여자고 성인이고 아이고, 인간은 누구나 성(性)

충동을 가지고 있어. 다만 이것이 성인이 되는 과정에서 다양한 모습으로 변화할 뿐이고."

이때 가만히 듣고 있던 융 박사님이 질문했다.

"그렇게 생각하게 된 계기가 있으신가요? 분석했다는 어린아이에 대해서 좀 더 설명해 주시죠."

"내가 분석한 아이는 성(性)에 대한 호기심을 지적인 방식으로 풀려고 했네. 출생에 대한 질문, 자신의 성기에 관한 관심이 대표적이지. 이것이 잘 풀리지 않자 나름대로 환상을 만들면서 더 알려고 했고 말이야. 그런데 문제가 좀 있기도 했어. 아이가 성기를 만지다가 아빠한테 몇 번 혼났거든. 그러면서 아빠를 무서워하게 됐지. 또 우연히 길에서 쓰러진 말을 보게 됐는데, 그 모습에 많은 공포심을 갖게 됐지. 큰 말이 쓰러지니까 아빠랑 비슷하다는 생각도 한 것 같고. 그 뒤로 아빠에 대한 공포를 말에 대한 공포로 표현하기 시작했지. 그 결과 아이는 이득을 얻기도 했네. 밖에 나가기를 싫어하면서 엄마와 더 있게 되었거든."

"박사님은 그래서 아이가 엄마의 사랑을 더 받으려고 한다는 것인가요?"

"나는 당연히 그럴 수 있다고 보네. 한스는 성기를 만지다가 아빠한테 들켰을 때 아빠가 혼내는 말을 듣고 무척 두려워했던 것 같아. 그래서 나름대로 아빠의 말을 잘 내면화하면서 아빠처럼 어른스러운 아이가 되어야겠다고 결심했을 수 있지. 물론 다른 한편으로는 아버지가 원망스럽고 싫었을지도 몰라. 말에 대한 공포증도 그래서 생긴 것 같고."

"이게 다른 경우에도 해당할까요? 이번 분석에 박사님이 너무 들떠 계신 거 아닌지요."

융 박사님이 프로이트 박사님에게 반박하듯이 말했다.

"이번 경우만 보고 하는 이야기가 아닐세. 내가 신경증 환자를 분석하면서부터 생각한 것이네. 그리고 이미 그 결과를 여러 번 논문으로 발표했고. 그들의 억압된 기억에 유아기의 성(性) 경험이 매우 중요하게 작동하고 있었지."

"그렇습니까? 하지만 저는 여전히 잘 모르겠습니다."

"나는 한스를 보면서 다시 한번 '오이디푸스 콤플렉스'[17]에 대해 생각해 보게 되었네."

"역시 박사님은 오이디푸스 콤플렉스에 확신이 있으시군요. 하지만 저는 거리를 두고 싶습니다."

"그게 무슨 말인가?"

"저는 박사님이 지나치게 성(性)에 집착하고 있다는 느낌이 듭니다."

"내가 성(性)에 몰두하고 있다니? 자네야말로 내가 성(性)을 말할 때마다 지나치게 거부감을 느끼는 것 같군."

프로이트 박사님의 언성이 이렇게 높아진 것을 본 적은 처음이었다. 무슨 일인지 잘 이해가 안 되지만 두 분 사이에 큰 의견 차이가 있는 건 분명했다.

"저는 히스테리 증상에 환자들의 억압된 기억이 있다는 것에 동의합니다. 하지만 그 억압된 기억에 모두 성(性)과 관련된 문제가 있다고는 보지 않습니다."

"그렇군. 역시 자네는 나랑 생각이 달랐어. 서운하네. 나는 자네가 정신 분석 학회를 이끌 인재라고 생각했는데 말이야. 우리 인연이 여기까지인가 보군."

무슨 뜻이지? 정말 보통 일이 아닌 건 분명했다. 이제까지 커피잔을 들고 여유로운 척을 하던 융 박사님도 이제는 얼굴이 살짝 붉어졌다.

"하하하. 역시 박사님은 본인과 의견이 다른 사람을 받아들이지 못하시는군요."

"그건 자네 얘기지. 괜히 나를 이상한 사람 만들지 말게나. 자네는 언젠가부터 정신 분석보다는 신화나 종교적인 신비에 대해 공부하는 것을 더 좋아하는 것 같더군. 아프리카 여행에 대해 알아본다는 이야기도 들었네. 자네는 지금 너무 신비주의에 빠져 있네."

"박사님은 저에게 신비주의를 신봉한다고 하시는데, 박사님은 지나치게 분석을 신뢰하는 것 아닙니까? 인간의 심리를 과학적으로 분석하는 게 전부일까요? 전 그렇다고 생각하지 않습니다. 인간의 마음에는 분석하고 이론화할 수 없는 신비로운 영역이 있다고 봅니다."

"정말 안타깝네. 자네처럼 명석하고 권위 있는 의사가 어쩌다 그렇게 신비주의에 빠졌는지……. 우리가 처음 만난 날이 그립군."

"네, 저도 그때가 그립군요. 제가 박사님을 찾아뵈었었죠. 1907년 2월이었습니다. 낮 한 시쯤에 만나 열세 시간 동안 쉬지 않고 이야기를 나눴는데, 이제는 박사님과 더 할 이야기가 없는 것 같군요. 유감입니다."

이날 세 사람의 토론은 생각보다 일찍 끝나 버렸다. 프로이트 박사님의 어두운 얼굴을 봐서인지 잠이 잘 오질 않았다. 밤늦게까지 서재에 불이 켜져 있어서 노크를 하고 들어갔다.

"박사님, 아직 안 주무시네요? 벌써 새벽 한 시가 넘었어요."

"그렇군. 오늘은 잠이 잘 안 와서 말이지."

"아까 말씀하신 것 중에 궁금한 게 있는데요. 오이디푸스 콤플렉스가 뭐예요? 매우 중요한 것 같던데 저는 잘 몰라서요."

"고대 그리스 비극 〈오이디푸스 왕〉 이야기를 알고 있나?"

"우와! 저 오늘 오스만 형이랑 안나 누나랑 〈오이디푸스 왕〉 연극을 봤어요. 혹시 오이디푸스 콤플렉스랑 그 비극이 관계가 있는 거예요?"

"그래, 잘됐군. 그럼 이걸 보게나. 이 그림이 바로 오이디푸스라는 인물을 그린 거야."

박사님은 스핑크스 앞에 서 있는 남자를 가리키면서 이야기를 시작했다.

"〈오이디푸스 왕〉을 연극으로 봤으니까 잘 알겠지만, 오이디푸스는 거부할 수 없는 운명 때문에 고통받았지. 그런데 나는 그 비극적인 인물을 통해 우리가 겪는 고통에 관해서도 설명할 수 있다고 생각하네."

그러고 보니 오스만 형이 했던 말과도 비슷했다. 오이디푸스의 운명을 보면서 형은 무척 공감하는 눈치였다. 혹시 아버지와 갈등하는 형의 처지 때문은 아닐까? 어쩌면 나랑도 닮았다.

"그런데 저는 〈오이디푸스 왕〉이라는 비극이 어쩐지 좀 어색해요. 오이디푸스가 보통 사람들의 처지와 딱 맞아 떨어지는 것도 아닌 것 같고요."

"그래 맞아. 내가 말하려는 건 모든 사람이 오이디푸스와 같은 욕망을 가졌다거나 그런 운명에 처했다는 게 아니야."

"그러면요?"

"사람들은 내가 오이디푸스 콤플렉스를 누구나 가지고 있다고 말하면 한결같이 말하지. 나는 아버지를 살해하거나 어머니를 연모하는 부정한 마음은 없다고. 내가 오이디푸스 콤플렉스를 통해 말하려는 것은 이런 부정한 마음이 있다는 것이 아니야. 오이디푸스는 알았든 몰랐든 결과적으로 사회에서 허락될 수 없는 충동의 길로 갔고, 결국 이야기는 비극으로 끝나네. 이 이야기가 중요한 이유는 한 인간이 사회에 적응하는 원리를 보여 준다는 점이야. 사회는 인간의 자연적인 충동을 억압하고자 하지. 안 그러면 무슨 일이 일어날지 모른다고 생각하는 거야. 이것은 아버지처럼 사회의 권위를 가진 사람들에게 매우 중요하지. 자신들이 만들어 놓은 질서나 도덕이 있는데, 아이들이 무분별하게 행동하면 그 권위에 도전하는 셈이 되어 버리니까 정도의 차이는 있지만 나는 모든 인간의 마음속에는 오이디푸스가 살고 있다고 생각해. 그리스 비극은 이것을 과장되게 표현하고 있을 뿐, 크게 다르지 않아. 이 비극이 오랫동안 후세 사람들에게 감동을 주는 이유는 뭘까? 오이디푸스의 욕망이 인간의 욕망을 잘 표현하고 있기 때문이라고 생각하네."

"그럼 지금 말씀하시는 오이디푸스 콤플렉스가 한스 같은 어린 아이에게도 해당하는 거예요?"

"그렇지. 오이디푸스 콤플렉스의 극복과 해소는 성인에게만 해당하는 것이 아니네. 한스가 겪는 것은 그 최초의 시련이야. 문제는 어머니에게 사랑의 감정이 있고 없고가 아니네. 사실 한스가 집 밖에 나가려고 하지 않는 것은 꼭 어머니 때문만은 아니지. 한스는 지금 아버지의 질서가 지배하는 세상에 적응하는 중이야. 아이들은 어떤 부끄러움 없이 아무 때나 손가락을 빨기도 하고 변을 보기도 해. 하지만 언제까지 그럴 수는 없잖아. 아이들도 점점 다른 어른들처럼 사회화되어야 해. 사람들 앞에서 예의를 갖추고, 아무 때나 물고 빨고 하는 식으로 쾌락을 느껴서는 안 되고, 한스의 경우처럼 의젓한 오빠가 되어야 하지. 만약 이 고비를 잘 넘기지 못하면 문제가 생길 수 있어. 어른이 되어서도 아이 때 가졌던 습관을 고치지 못하거나 문명사회에서 별로 좋아하지 않는 방식으로 쾌락을 추구한다면 사회생활에 문제가 생길 수밖에."

박사님의 이야기를 듣다 보니 오늘 본 〈오이디푸스 왕〉이 새삼 달리 느껴졌다. 그러고 보면 드라마에서 아버지에게 반항하고 가출을 하거나 아버지가 반대하는 여자를 만나는 남자 주인공도 오이디푸스 비극이랑 관련이 있는 건지도 모르겠다.

"한수 군은 어떤가? 빈에서의 생활이 말이야."

"재밌어요. 오스만 형이 다음에는 안나 누나랑 오페라 극장에 가자고 했어요. 오페라를 보기로 했거든요. 그런데 박사님. 오늘 형한테 들으니까 빈에서 공연하는 작품 중에는 남녀 간의 사랑 이야기가 참 많더라고요. 제가 사는 동네에서도 드라마에서 제일 중요한 게 연애 이야기인데."

"그렇지. 연애, 사랑, 가족이 가장 중요한 문제지. 그런데 사람들은 이것을 가장 중요하게 생각하고 이야기로 만들어 즐기기까지 하면서 그 근본이 되는 성(性)에 대해 말하기는 왜 그렇게 꺼리는 걸까?"

갑자기 박사님이 심각한 질문을 해서 당황스러웠다. 하지만 듣고 보니 학교에서 성교육을 받을 때가 떠올랐다. 왠지 어색한 분위기가 흐르고 짓궂은 아이들은 이상한 장난을 치고 말이다. 왜 성(性)에 대해 말하면 다들 갑자기 부끄러워지는 걸까? 100년의 세월이 흘렀어도 그 문제는 여전히 풀리지 않는 숙제 같다.

[13] 신탁은 '신의 말씀'을 뜻한다. 고대 그리스에서는 사적 영역은 물론이고 공적인 영역에서도 많은 부분을 신에게 의지했다. 주로 꿈이나 점성술 등으로 신탁을 얻고 이를 통해 어려운 문제를 해결하고자 하였다.

[14] 융(1875~1961)은 스위스의 정신 의학자, 심리학자이다. 최초로 정신병 치료에 분석 치료 방법을 적용한 인물로 프로이트와 가깝게 지냈으나 의견 차이로 대립했다. 프로이트는 융이 종교나 신비주의에 관심이 있는 것에, 융은 프로이트가 성(性) 이론을 보편화하는 것에 불만을 가졌다. 결국 융은 정신 분석 학회를 탈퇴하였고 그 후 아프리카 등지를 여행하면서 집단 무의식을 연구하였으며 분석 심리학을 체계화하였다.

[15] 프로이트는 인간의 성(性)을 성(性)적 충동이라는 뜻의 '리비도'라고 부른다. 리비도의 분배가 잘되지 않으면 불안 증상이 생긴다.

[16] 프로이트는 인간의 성욕에 대해 이야기하면서 충동 개념을 사용한다. 그는 인간의 성(性)이 상대적이고 고정되지 않는다는 점에서 동물의 본능적인 성(性)과는 다르다고 보았다.

[17] 어린아이는 엄마에게 애착을 느끼지만 곧 분리되는 경험을 한다. 처음에는 이를 받아들이지 못하고 아버지에게 부정적인 감정을 갖거나 무의식적인 죄책감을 느끼기도 한다. 자아의 발달 과정에서 콤플렉스는 억압되거나 다양한 방식으로 해소된다. 프로이트는 이것을 고대 시인 소포클레스의 비극에 따라 '오이디푸스 콤플렉스'라고 불렀다. 이 이론은 오늘날 정신 분석학의 기반이 되었지만 철저히 남성 위주로 전개되어 여성의 경험은 무시했다는 점 때문에 많은 비난을 받았다. 뇌 과학이 발전하면서 과학과는 거리가 있어 해당되는 현상에 대해 간략하게 설명하는 용도로 쓰이는 경우가 많다.

욕망,
포기할 수 없어!

프로이트 박사님 서재에 머무르면서 새로운 취미가 생겼다. 서가에 꽂힌 책 중에서 아무 책이나 몇 쪽씩 읽어 보는 것이다. 놀 듯이 책을 보다 보니 책 읽는 게 그렇게 어려운 일이 아니었다. 무슨 내용인지 모르는 책이 많지만, 이 놀이는 생각보다 꽤 재미있었다.

프로이트 박사님은 어릴 때부터 책 읽는 것을 좋아해서 책을 계속 모아 왔다고 했다. 박사님의 서가에는 정말 다양한 분야의 책이 꽂혀 있었다. 오스만 형도 박사님의 서재를 보고 동서양의 다양한 고전이 가득 하다면서 부러워했다. 형은 특히 셰익스피어, 괴테, 도스토옙스키 같은 대문호의 문학 작품을 보고 눈을 반짝거렸다. 나는 그 책들이 얼마나 대단한지 아직 잘 모른다. 하지만 멋진 표지에 두꺼운 책에서 풍기는 특유의 냄새에서 21세기 책들과는 다른 품격을 느꼈다. 오늘도 아무 책이나 펼쳐 놓고 노는데 프로이트 박사님이 문을 열고 들어왔다.

"책을 읽고 있었군. 그래 어떤 책이 제일 재밌나?"

"다 어려워서 아직 잘 모르겠어요. 박사님은 이 중에서 제일 좋아하는 책이 뭐예요?"

"좋아하는 책? 어려운 질문이군. 어느 책 한 권을 꼽기는 너무 어렵지만, 내가 한수 군 나이 때 중요한 결정을 하는 계기가 된 구절이 있지."

박사님은 어떤 책인지 기억나지 않지만 〈자연에 대하여〉라는 글에 큰 영향을 받았다고 했다.

"김나지움 졸업 직전이었지. 김나지움은 대학에 들어가기 전에 빈의 학생들이 공부하는 곳이란다. 난 그때까지만 해도 대학에 가서 법률을 전공해야겠다고 마음먹고 있었어. 그런데 우연히 듣게 된 강연에서 〈자연에 대하여〉의 한 구절을 알게 됐지. 자, 그때 내가 들었던 대목을 한번 읽어 주마."

박사님은 천천히 자신이 기록했던 한 구절을 읽어 주었다.

"'자연은 아름답고도 풍성한 어머니이며, 그 자식인 인류에게 만물의 근원인 자연의 비밀을 탐색할 수 있는 특권을 부여하고 있다.' 어떤가? 멋지지 않나? 내가 한수 군 나이쯤 됐을 때지. 그때 나는 한창 지적 열망이 뜨거웠어. 이 구절을 듣는 순간 내 가슴 깊은 곳에서 전율이 일더군. 인간이 벗어날 수 없는, 만물의 근원인 자연에 관해 공부해 보고 싶다고 생각했지. 인간의 본성이란 무엇인지 알고 싶었다고나 할까. 그러려면 법보다는 의학을 공부하는 게 더 맞다고 생각했어."

"주변에서는 뭐라고 안 했어요?"

"갑자기 진로를 바꾸었을 때 주변 사람들은 모두 놀랐지. 누구나 내가 법률가가 되어서 크게 출세할 거라고 기대했거든. 특히 우리 아버지는 실망이 컸을지도 모르겠어. 그분은 어릴 때부터 나를 너무나 자랑스러워했거든. 어머니나 누이들도 마찬가지였어. 온 가족이 공부하는 나에게 협조적이었으니까. 하지만 나는 조금 이기적이기도 했어. 내가 결심한 이상 주변 사람들의 말은 중요하지 않다고 생각하고 밀고 나갔지. 그때는 젊었으니까 가능한 일이기도 했고."

자기가 생각하는 대로 밀고 나가는 박사님의 성격은 지금도 여전한 것 같다. 자신의 결정을 소신껏 밀고 나갈 수 있는 것이 젊음의 힘이라면 지금의 나는 뭘까? 박사님이 의학으로 진로를 바꿀 때와 비슷한 나이인데 말이다. 그러고 보니 이번 달까지 담임 선생님이 작성하라고 했던 진로 계획서를 아직 한 줄도 쓰지 못했다는 게 생각났다.

"의학을 공부하면서 후회 같은 건 안 하셨어요? 제가 보기엔 박사님이 하는 일은 무척 머리 아파 보여요. 동료들과 언쟁하시는 걸 보면 스트레스도 많이 받으실 것 같아요."

"한수 군 말대로 의학을 공부하고, 또 이렇게 정신 분석에 관해 연구한다는 것이 꽤 골치 아픈 일이긴 하지. 정말 머리가 안 아픈 날이 없는 것 같네. 빈의 의사들은 내 연구에 대해 제대로 들어 보려고 하지도 않고 걸핏하면 험담을 해 대고 말이야."

"저 같으면 슬럼프가 올 것 같아요."

"나도 비슷하네. 누군가 날 비판하는 소리를 들을 땐 지치고 화가 나기도 하지."

"박사님은 의대를 졸업하고 바로 정신 분석을 해야겠다고 결심하신 거예요?"

"아니지. 의대를 막 졸업했을 때가 생각나는구나. 눈앞에 닥친 생계 문제로 고민이 많았지. 그래서 아내 마르타와 결혼도 미루고 말이야. 내 아내는 약혼하고 무려 4년이나 나를 기다려 줬어. 지금은 이렇게 환자를 진료하면서 돈을 벌고 남는 시간엔 연구도 하면서 살고 있지만, 처음엔 이 모든 것이 가능하리라 생각하지 않았어."

"저는 사실 하고 싶은 일이 뭔지 잘 모르겠어요. 부모님은 취업이 잘되는 전공을 선택해야 한다고 강조하시는데, 그런 전공에는 흥미가 없어요. 그래서 선뜻 내키지 않아요. 그렇다고 부모님 뜻대로 하지 않았다가 나중에 잘 안 되면 어쩌나 하는 두려움도 있고요. 서둘러 진로를 정해야 하는데 박사님처럼 밀고 나갈 자신이 없어요."

"그래, 제일 중요한 것은 '내가 어떤 일을 하고 싶은가'야. 물론 그걸 알기란 쉽지 않지. 하지만 어렵더라도 스스로 찾아야 해. 그렇지 않으면 무엇을 하든 금세 지쳐 버릴지도 몰라. 한수 군은 나중에 어떤 사람이 되고 싶나?"

"사실 진지하게 생각해 본 적이 없어서……."

"잘 생각해 봐. 내가 아무리 힘들어도 다시 이 일을 해 나갈 수 있는 이유는 원하는 공부를 하고 있기 때문이 아닌가 싶네. 인간이란 정말 알 수 없는 존재라서 공부에 끝이 없지만 하나도 지겹지 않거든."

박사님의 말대로 인간이란 존재는 알 수가 없다. 그리고 가장 알 수 없는 인간은 나 자신이다. 나는 앞으로 뭘 해야 할까?

프로이트 박사님은 상담하러 진료실로 들어갔고 나는 서재에 남아 책을 보고 있었다. 누군가 문을 열고 들어왔다. 안나 누나였다. 누나는 지난번에 상담하러 왔을 때보다 훨씬 건강해 보였다.

"안녕, 오랜만이네. 박사님은?"

"지금 진료 중이신데요."

"그럼 방해 좀 할게."

"아픈 건 좀 어때요?"

"박사님 덕분에 많이 좋아졌어."

"근데 어디 가나 봐요. 짐이 많네요."

"응. 나 오늘 빈을 떠나."

"네? 떠난다고요? 어디로 가는데요?"

"독일로 가려고."

"아니 왜요? 왜 갑자기 가는 거예요?

"나 새롭게 시작해 보려고. 그동안 아버지 간호하고 나도 아파서 집에만 있었잖아. 나도 다른 사람들처럼 자유롭게 여행하고 공부도 하고 사람도 만나고 싶어. 그래서 집에서 나온 거야."

"우와, 대단하네요! 어머니는 허락하셨어요?"

"내가 막무가내로 고집을 피운 거라서 말이야. 허락했다고 하긴 힘들지. 사실은 아버지 유산을 포기한다는 각서까지 썼어. 거의 도망치듯 나온 거야."

"아니 그럼 어떻게 해요. 독일에 가선 어떻게 살려고요?"

"어쩔 수 없지. 하지만 계속 집에 있으면 어머니가 말하는 남자랑 결혼해서 또다시 집에만 갇혀 살아야 해. 난 더는 그렇게 살고 싶지 않아. 나도 내가 하고 싶은 일을 하면서 살고 싶어."

어느새 안나 누나의 얼굴이 상기되었다. 아마도 새로운 경험에 대한 기대 때문이겠지.

"어디 머무를 곳은 구한 거예요?"

"너 보기보단 꽤 섬세하구나. 걱정해 줘서 고마워."

나는 너무 참견한 게 아닌가 싶어 조금 부끄러워졌다.

"얼마 전에 신문을 보니까, 독일에는 가난한 사람을 돕는 단체가 많이 있대. 거기서 일손이 부족하다고 하더라. 일단 거기에 가 보려고 해."

"대단하네요. 전 아직도 하고 싶은 일을 못 찾았어요. 제가 다니는 학교에 이번 학기까지 진로 계획서를 제출해야 하는데."

"진로 계획서? 그게 뭔데?"

"희망하는 전공과 대학을 정하고 선생님이랑 상담하는 거예요."

"그럼 하고 싶은 전공을 적으면 되잖아?"

"그런데 잘 모르겠어요. 그리고 아무리 하고 싶은 게 있어도 점수가 안 되면 불가능하니까요. 저도 그렇지만 다들 진로를 생각하기보단 그때그때 점수 맞춰서 대학 전공이 바뀌거든요."

"난 학교에 안 다녀 봐서 모르겠어. 하지만 점수대로 전공을 정한다니 이상하구나."

"제가 사는 곳에서는 어쩔 수 없어요."

"대학 전공이나 점수도 중요하지만, 한수에게 그게 어떤 의미가 될지도 중요하지 않을까? 우리는 모두 각자 다른 개성을 지닌 사람인데 말이야."

"그게 말처럼 쉬운 건 아니에요. 누나가 제가 사는 동네를 잘 몰라서 그래요."

"네가 사는 동네도 여기 빈이랑 비슷한가 보구나. 하지만 난 부모님이 하라는 대로 전공을 정하는 건 반대야. 그러다가 네가 진짜 하고 싶은 일이 생기면 어떡하니? 부모님하고 상의하는 것도 중요하겠지. 너를 키워 준 분들이니까 너에 대해 잘 아시겠지. 하지만 우선 스스로 자신에 대해 알려고 노력하지 않으면 안 돼."

안나 누나는 이렇게 말하고는 생각에 잠긴 듯 창밖을 바라보았다. 좀 전까지 들떠 있던 표정과는 달라 보였다. 내 말 때문에 화가 나기라도 한 것일까?

"난 아버지를 간호하는 게 내게 주어진 가장 큰 일이라고 생각했어. 모두 그게 당연하다고 말했으니까. 하지만 지금 생각해 보니 핑계였을지도 모르겠어. 내가 무엇을 원하는지 생각하고 그것을 행동에 옮기기 위해 노력하기보다는 남들이 말하는 역할에 충실해 버린 거야. 착한 딸의 역할에 순종한 거지. 그 결과 너도 알다시피 병이 나 버렸고 말이야."

창밖을 보던 누나는 고개를 돌려 나를 다시 바라봤다.

"이제부터는 다른 사람 핑계를 대면서 도망치지 않으려고 해. 다른 무엇보다 나 자신에 대해서 고민해 보려고."

"아, 혹시 오스만 형에게는 말했어요? 형이 누나랑 다음에 꼭 오페라 보러 가자고 했는데."

"오스만 씨에게는 네가 잘 말해 줘. 꼭 자신의 꿈을 찾아가길 바란다고 전해 주렴."

누나가 떠난 것을 알면 오스만 형이 많이 서운해할 텐데. 갑자기 걱정됐다. 그나저나 누나는 이렇게 용기 있게 집을 떠나는데 오스만

욕망, 포기할 수 없어!

8

형은 너무 용기 없는 거 아닌가? 아직도 아버지가 무서워 법 공부하다가 연극하다가 집중도 못 하는 것 같으니 말이다. 물론 내가 지금 남 걱정할 때는 아니다.

"부럽네요. 누나는 어디서 그런 용기가 났어요?"

"심한 기침으로 졸도하고 다시 깨어났을 때였어. 처음엔 왜 이렇게 이상한 병에 걸렸을까 하늘이 원망스러웠지. 하지만 이 병을 계기로 나에 대해서 생각해 봤어. 착한 딸이라는 의무감에 사로잡힌 채 그동안 내 마음의 소리에 너무 무심했더라고. 너도 잘 생각해 봐. 혹시 나처럼 착한 아들 콤플렉스가 있는 건 아니니? 너도 빨리 벗어나길 바랄게. 안 그러면 나처럼 아플지도 몰라. 하하하."

"아니에요. 저는 누나처럼 착하지도 않고……."

누나는 농담처럼 말했지만 깜짝 놀랐다. 어떻게 알았을까? 그러고 보면 나도 지금까지 아빠 눈치를 보았던 것 같다. 그래서 아빠 앞에만 가면 한없이 작아지고 말도 제대로 꺼내질 못했다.

안나 누나는 프로이트 박사님의 진료가 끝나자 인사를 하고 떠났다. 역으로 떠나는 마차가 시야에서 사라질 때까지 나는 손을 흔들었다. 누나는 다시 한번 내가 하고 싶은 일을 꼭 찾기 바란다고 말했다. 나도 찾고 싶다. 내 마음은 지금 무슨 소리를 내는 걸까?

안나 누나를 배웅하고 프로이트 박사님의 진료실로 돌아왔다. 평소라면 다른 정신 분석가 선생님들과 이야기를 나눌 시간인데 박사님은 혼자서 블랙커피를 마시고 있었다.

"안나는 잘 갔나?"

"네. 마차를 타고 역으로 갔어요. 그런데 정말 안나 누나 괜찮을까요?"

"왜 걱정되니?"

"누나 말로는 한 번도 집 밖을 떠나서 지내 본 적이 없다고 해서요. 그것도 갑자기 다른 나라로 간다니 걱정돼요."

"한수 군, 걱정이 많군. 안나는 잘할 거야. 성격이 예민해서 조금 걱정이지만 잘 이겨낼 수 있어. 안나가 스스로 판단하고 행동한 만큼 지혜를 발휘할 거라 믿네."

박사님은 흐뭇하게 웃으면서 말했다.

"그런데 한수 군은 어떤가? 안나를 보고 나니 한수 군이 고민하는 진로에 대해 새로운 생각이 떠오르진 않나?"

"아직……. 그래서 더 놀랐어요. 저는 망설이고만 있는데 말이에요. 제가 뭘 하고 싶은지 모르겠고 어떤 전공을 선택해야 할지 막막한데, 안나 누나는 자기가 하고 싶은 걸 찾아 집을 박차고 나가 버렸네요."

"아마도 안나는 자신이 겪었던 히스테리 증상을 통해서 자기 욕망을 보는 법을 터득한 게 아닌가 싶네."

"욕망이요?"

"그래, 욕망 말이야. 욕망이라는 말이 조금 어렵나? 그럼 내가 꿈에 관해서 이야기할 때를 생각해 보게. 꿈이 '소원 성취'라고 말했던 거 기억나나?"

"네. 그런데 그 소원이 변장해서 꿈으로 나타난다고 하셨어요."

"그렇지. 잘 기억하고 있군. 욕망은 쉽게 말하면 소원이라고 할 수 있어. 물론 욕망은 의식적이라기보다는 무의식적인 것에 가깝다네. 그래서 자신의 욕망이 무엇인지 알기 어려워. 사실 한수 군만의 문제는 아니지."

"왜 자기 욕망인데 본인이 모르는 거예요?"

"그러게 말이야. 인간이란 참 복잡하지. 욕망은 늘 변장을 하고 있으니까 잘 살펴봐야 해. 내가 자신의 증상을 잘 살펴보라고 했지?"

"네. 아직도 어려워요. 증상을 살펴보는 거랑 제 욕망을 찾는 거랑 어떤 관계가 있다는 거죠?"

"한수 군이 불편하다고 말했던 증상이 어쩌면 한수 군이 극복하고 싶은 순간과 연관이 되어 있을지도 모르기 때문이지. 한수 군은 지금 뭔가 잘하고 싶고, 하고 싶은 게 많을 거네. 그런데 그걸 하기 어려운 순간에 자꾸 몸에서 탈이 나는 거지. 그러니까 그 증상을 잘 살펴야 한다는 거야. 지금 한수 군이 어떤 욕망을 억압하고 있는지 알 수 있을 테니."

"만약 제가 그걸 못 찾으면 어떻게 되는 거예요?"

"아마도 한수 군의 욕망이 아니라 다른 사람이 원하는 욕망대로 살아야겠지. 그런 삶은 어떨까? 행복하다고 할 수 있을까? 아무래도 자신이 원하는 게 아니니 쉽게 지치고 결과가 안 좋겠지. 그러면 누군가를 원망하게 될 수도 있고."

"누군가를 원망할 수도 있다니 무섭네요."

"미안하지만 한수 군, 오늘은 이만 마쳐도 될까? 내가 내일 아침 일찍 떠나야 해서 말이지."

"네? 어디 왕진 가세요? 저도 따라갈래요."

"아니네. 왕진이 아니라 좀 멀리 간다네. 내일 아침에 영국에 가거든. 그래서 당분간 진료실을 비우게 됐네."

"언제 돌아오시는데요? 저는 아직 궁금한 게 많은데."

"좀 시간이 걸릴 수도 있어. 그동안 환자들 진료하느라 밀린 논문이 너무 많아서 말이지. 여행도 하고 모처럼 책도 읽고 논문 구상도 하려고 하네."

"저 아직 진로도 결정 못 했는데, 그것까지만 상의하면 안 돼요?"

"하하하. 욕망을 찾는 일은 스스로 해야지. 그리고 어쩌면 벌써 자신이 뭘 원하는지 알고 있을 수도 있어. 단지 마음의 준비가 안 돼서 그걸 인정하지 않고 있는지도 몰라. 그러니 좀 더 솔직해질 필요가 있어. 마지막으로 명심하게. 자신의 욕망을 포기해선 안 되네."

"박사님, 좀 더 있다 가세요. 네?"

박사님이 작별 인사를 하고 방을 나가자 미미도 열린 문틈으로 박사님을 따라 사라졌다. 미미를 붙잡으려고 손을 뻗으려는 순간이었을까 갑자기 엄마 목소리가 들렸다.

"한수야, 왜 이렇게 안 일어나? 오늘따라 얘가 낮잠을 왜 이렇게 오래 자니? 잠꼬대도 하고. 미미는 누구야? 박사님은 또 누구고?"

"어? 엄마네. 왜 엄마가 여기 있어?"

"너 깨우려고 왔지. 아직도 잠이 덜 깼나 얘가 왜 이래. 빨리 일어나서 저녁 먹자."

9

꿈을 선택하다

비몽사몽인 채로 저녁을 먹고 다시 책상 앞에 앉았다. 이게 어떻게 된 일일까? 맞다. 이제 생각이 났다. 아침에 엄마가 스피치 학원 가라고 했는데 가기 싫어서 아프다고 꾀병을 부렸다. 아침 먹고 다시 방에 들어갔던 것까지는 생각이 난다. 그럼 내가 미미를 쫓다가 오스트리아에 간 게 꿈이었단 말인가? 프로이트 박사님을 만나서 이야기를 나눈 게 이렇게 생생한데 말이다.

머리맡에는 하다 만 숙제가 흐트러져 있었다. 이걸 보니 현실로 돌아온 게 실감이 난다. 내가 프로이트 박사님을 만나는 꿈을 꾸면서도 내내 걱정했던 게 바로 이거다. 진로 계획서 작성하기. 월요일에 학교 갈 때 가져가야 하는데. 관심 있는 전공과 왜 그 전공을 선택했는지 이유를 적어 가는 게 숙제다.

"엄마 왜 지금 깨웠어요?"

"토요일이잖아. 무슨 애가 낮잠을 그렇게 오래 자는 거야? 그리고 너 그거 아빠한테 말했어? 진로 계획서 작성하는 거 말이야. 빨리 아빠랑 상의해서 작성해야지. 엄마가 말해 줘?"

"아니요, 제가 할 수 있어요. 제가 할게요."

아빠는 나보고 행정학과나 경제학과에 진학하라고 한다. 그래야 취직도 잘되고 안정적인 직장을 구하기가 좋단다. 하지만 아빠 말대로 취직이 전부일까? 내가 열정적으로 몰두할 수 있는 일은 없을까? 꿈에서 만난 프로이트 박사님이 그랬던 것처럼 말이다.

다시 책상에 앉아 생각해 봤다. 내가 제일 좋아하는 일, 잘하는 일은 뭘까? 이런저런 생각을 하다가 전에 내가 쓴 메일, 친구들이랑 함께 운영했던 미니홈피, 옛날 사진 등 컴퓨터에 있는 폴더를 샅샅이 뒤졌다. 그러다 보니 알게 되었다. 내가 즐거운 시간은 우리 동네 고양이들하고 놀 때구나. 버려진 고양이를 치료하고 먹이를 주는 일이 내가 제일 잘하는 일이었다. 동물 병원 아저씨도 고양이가 잘 따른다면서 나보고 참 재주가 좋다고 했다.

그럼 이런 내 성격을 살리려면 뭘 해야 할까? 뉴스를 보면 요즘엔 유기 동물이 정말 많다는데, 이런 동물을 돌보는 일을 하고 싶다는 생각이 들었다. 검색을 해 보니 다양한 직업과 전공이 정말 많았다. 나와 비슷한 꿈을 가진 사람이 운영하는 인터넷 카페도 있었다. 한참 자료를 보고 있는데 엄마가 문을 열었다. 엄마는 아빠한테 이야기하기 힘들면 도와주겠다고 했지만 나는 괜찮다고 했다.

시간이 얼마나 흐르는지도 모를 만큼 한참을 고민한 끝에 전공 란에 수의학과라고 적고 진로 계획서 작성을 마쳤다. 그리고 창밖을 보니 어느새 아침이 밝아 오고 있었다. 우와, 내가 태어나서 처음으로 밤을 새웠구나! 시험 기간에도 밤새워 공부한 적이 없는데 이런 날도 오네. 밤을 새웠지만 이상하게 피곤하단 느낌이 하나도 들지 않았다. 진로 계획서를 혼자서 작성해서 그럴까?

완성한 진로 계획서를 인쇄했다. 뿌듯했다. 물론 내가 하고 싶은 전 공을 선택했다고 해도 이걸로 끝이 아니다. 조사해 보니 수의학과는 경쟁률도 세고 점수도 높다. 만약 점수가 안 되면 아무리 적성에 맞는 과라고 해도 수의학과에 진학할 수 없다. 이제 나는 내가 정한 목표를 향해 달려가야 한다. 갑자기 선생님 얼굴, 아빠 얼굴, 친구들 얼굴이 떠오른다. 내가 결정한 전공에 대해서 말하면 다들 반응이 어떨까? 내 모자란 점수를 비웃지는 않을까?

특히 아빠가 어떻게 생각할지 마음에 걸린다. 아빠에게 동물을 좋아한다고 말할 수 있을까? 어떻게 내 계획을 이해시킬 수 있을까? 아빠 앞에만 가면 늘 말이 잘 안 나왔다. 이번에도 그럴 것이다. 몇 마디 하다 내가 말을 더듬으면 아빠가 화를 낼지도 모른다. 아빠와 대면하지 않고도 내 계획을 전달할 방법을 찾아보자. 그래, 아빠에게 메일을 쓰자. 나는 다시 컴퓨터를 켰다.

아빠에게

저 한수예요. 아빠에게 드릴 말씀이 있어요.

이번에 진로 계획서를 작성하면서 고민이 많았어요. 사실 하고 싶은 일이 뭔지 그동안 잘 떠오르지 않았거든요. 그런데 다시 생각해 보니 제가 진짜 좋아하는 일이 있었어요.

저는 동물이랑 있을 때가 참 좋아요. 아빠도 기억나시죠? 제가 어렸을 때 할머니 댁에 가는 거 좋아했잖아요. 할머니 댁에서 키우는 소들이 좋았거든요. 아빠랑 엄마는 위험하다고 축사 근처에도 못 가게 했지만 사실 삼촌이 소 밥 줄 때 도와주기도 했어요.

또 고백할 게 있어요. 아빠가 우리 동네에 주인 없는 고양이가 많다고 불평하셨잖아요. 사실 다 제 친구들이에요. 제가 밥도 주고 그중에는 병원에 데려가서 치료해 준 고양이도 있어요. 진작 말씀드리려고 했는데 아빠가 싫어하시는 것 같아서 말씀 못 드렸어요.

아빠, 저는 동물을 돌보는 게 좋아요. 그래서 이제부터 수의학과를 목표로 공부하려고요. 물론 제 모의고사 점수를 생각하면 아직은 많이 부족한 상태지만 이제 목표를 정했으니 공부가 더 잘될 것 같아요.

물론 아빠는 저에게 취직 잘되는 전공을 선택해서 평범하게 사는 게 좋다고 말씀하셨지만, 저는 좋아하는 일을 위해서 열심히 노력해 보고 싶어요. 제가 아는 선생님께서도 자기가 좋아하는 일을 해야 안 지치고 끝까지 열심히 할 수 있다고 하더라고요.

아빠, 저 진짜 열심히 할 거예요. 그러니까 아빠도 응원해 주세요.

한수 올림

진로 계획서도 작성했으니 이제 미미에게 줄 우유를 밥그릇에 담아 볼까? 다른 날보다 우유를 한가득 더 담은 밥그릇을 들고 미미를 불렀다.

"어디 있니? 미미야!"

미미도 나를 기다렸는지 금방 야옹 소리를 내면서 달려온다. 분명 미미랑 100년 전 오스트리아 빈에 갔었는데 신기하다. 내가 다시 2017년 대한민국 서울에 있다니. 미미의 머리를 쓰다듬었다. 털이 거칠다. 밖을 하도 돌아다녀서 그런지 꼬리 털이 빠진 곳도 있다. 이런 미미를 볼 때마다 가슴이 아프다.

"미미야, 나중에 내가 꼭 훌륭한 수의사가 될게. 그땐 널 금방 치료해 줄 수 있을 거야."

미미는 내 말을 알아듣는 건지 기분이 좋은 듯 갸르릉 거린다.

"그런데 미미야. 정말 우리 100년 전 오스트리아에 다녀온 거 아니었니? 프로이트 박사님이 했던 말들이 이렇게 생생한데 그게 정말 꿈일까?"

분명한 건 어제의 꿈 이후로 내가 좀 달라졌다는 것이다. 아빠 앞에서 말도 제대로 못 하고 긴장하면 말까지 더듬었던 것이나 시험 때마다 배가 아팠던 이유를 이제 조금은 알 것 같다.

나는 그동안 아빠가 말하는 '사내다운 놈'이 되어야 한다는 데 큰 부담을 느꼈다. 그래서 김한수로 살기보다는 아빠가 자랑스러워하는 아들이 되는 일에만 열중했다. 물론 아빠가 원하는 사내다운 아이와 나는 거리가 멀다. 아빠는 내가 남자답게 힘도 세고 운동도 잘하길 바란다. 하지만 그게 내 마음대로 되나.

나는 누가 뭐래도 동물 돌보기를 좋아하는 섬세한 고등학생이다. 이제 더는 감추지 않을 것이다. 내가 고양이를 좋아한다는 사실도, 버려진 동물을 돌보면서 살고 싶다는 내 꿈도 말이다. 이제까지 내 몸은 다른 사람 눈치를 보면서 긴장하는 내가 미웠나 보다. 그래서 그렇게 신호를 보냈나 보다.

점수, 대학, 취직, 남자다운 남자. 이런 거 이제 잊을 거다. 물론 지금 당장 완전히 잊는 것은 불가능하겠지. 하지만 그래도 노력할 거다. 학교에서도 내가 좋아하는 고양이들을 보면 우유도 주고 보살펴 줘야겠다. 괜히 다른 친구들 무리에 끼려고 내 취향을 감추고만 있지 않을 거다. 이제 내 일은 스스로 결정해야지.

그동안은 아빠 핑계를 대기만 했다. 내가 좋아하는 일을 찾으려고 노력하기보다 아빠나 선생님이 말하는 대로 선택하려고 했다. 어쩌면 나는 무의식적으로 아빠가 하라는 대로 하는 게 위험 부담이 적다고 생각했던 것은 아닐까? 나는 내가 좋아하는 일을 찾고 그것을 위해 노력하기가 두려웠던 것 같다. 그래서 겉으로는 아빠가 말하는 것들이 싫다고 하면서도 속으로는 거기에 안주했다.

이제 교과서만 보지 말고 틈틈이 책도 읽어야지. 프로이트 박사님처럼 말이다. 그러고 보니 오늘은 일요일이다. 도서관에 가야겠다. 꿈에서 들은 박사님의 말도 확인해 볼 겸 책을 찾아봐야지. 물론 내가 좋아하는 동물 관련 책도 실컷 읽을 거다.

아침부터 볕이 뜨겁다. 오늘은 어제보다 더 더우려나 보다. 중간 고사도 끝나고 오늘은 현장 학습 날이다. 시립 미술관에서 미술 작품을 감상하고 보고서를 쓰는 게 숙제다. 더운 날 책상 앞에 앉아 땀을 뻘뻘 흘리는 것보다야 시원한 미술관에 있는 게 낫겠지. 물론 끝나고 나서 보고서를 써야 한다는 게 함정이지만 말이다.

선생님이 교복을 입고 오라고 그렇게 일렀지만 아이들 복장이 요란하다. 사복 티셔츠를 슬쩍 교복 안에 받쳐 입고 오거나 머리에 힘을 준 녀석들이 눈에 띈다. 그림 감상은 뒷전이고 그저 밖에 나오니 신이 난다. 미술관 관람만 끝나면 오늘 오후는 자유다. 모두 어디서 놀까 들뜬 표정이다.

전시 제목은 '초현실주의, 인간 정신의 해방을 꿈꾸다'였다. 맨 처음에 본 그림은 살바도르 달리라는 화가의 작품이었다. 제목은 '기억의 지속'이다. 황량한 사막 같은 공간에 엿가락처럼 늘어난 시계들이 있다. 아니 도대체 이건 뭐지? 날씨가 너무 더워서 시계가 녹았다는 건가?

　그다음 작품 역시 난해하기는 마찬가지다. 형태로 보면 사람 얼굴 같기는 한데 눈, 코, 입도 그려져 있지 않다. 제목은 '나르시스의 변모'였다. 나르시스는 물에 비친 자기의 아름다움에 반해 물에 빠져 죽었다는 사람 아니었나? 그런데 그림은 영 이상하다. 하나도 아름답지 않고 뭐가 뭔지 통 모르겠다. 달리라는 화가의 그림은 죄다 이런 식이었다. 제목을 봐도 무슨 말인지 모르겠고 마치 유치원 다니는 사촌 조카가 그린 것 같은 엉뚱한 그림들이다. 무심코 집어 든 팸플릿을 펼쳐 보니 달리에 대한 소개가 쓰여 있었다.

　살바도르 달리(1904~1989)

　스페인의 초현실주의 화가이자 판화가, 영화 제작가이다. 지그문트 프로이트의 정신 분석학에 영향을 받았으며 꿈, 시간, 기억 등을 모티브로 한 그림을 그렸다.

　지그문트 프로이트라는 이름이 있어서 깜짝 놀랐다. 프로이트 박사님에게 영향을 받았다니 갑자기 달리라는 작가에게 친근감이 느껴졌다. 그동안 프로이트 박사님의 책을 읽어 보겠다며 도서관에서 몇 권 빌렸다가 시험이다 뭐다 해서 제대로 읽지 못했는데 박사님의 이름을 여기서 다시 만나다니. 큐레이터 누나를 따라다니며 설명은 듣는 둥 마는 둥 했는데 박사님의 이름을 보는 순간 호기심이 생겼다.

"저 궁금한 게 있는데요. 질문해도 돼요?"

큐레이터 누나와 눈이 마주치는 순간 얼른 손을 들었다.

"네, 질문이 뭔데요?"

"저 달리라는 화가가 프로이트 박사에게 무슨 영향을 받은 거예요?"

"네, 좋습니다. 그런데 학생은 프로이트에 대해 들어 본 적이 있나요?"

프로이트 박사님을 알고 있냐고? 내가 박사님과 함께 이야기를 얼마나 많이 했는데. 물론 꿈이었지만. 그렇다고 여기서 박사님과 만난 꿈을 엄청나게 생생하게 꿨다고 말한다면 누가 믿을까? 나는 책 제목 정도만 안다고 대충 얼버무렸다.

"초현실주의에 관해 관심이 있는 분이라면 프로이트의 책을 읽어 보면 좋을 겁니다. 프로이트는 초현실주의에 매우 깊은 영향을 끼쳤어요. 우선 초현실주의에 관해 설명해 볼까요. 초현실주의 작가들은 프로이트가《꿈의 해석》이라는 책에서 말한 인간의 내밀한 무의식에 관심을 가졌습니다. 초현실주의 이전에는 문학이나 미술은 눈에 보이는 현상을 재현하는 것을 매우 중요하게 여겼죠. 그림이든 글이든 분명한 소재를 가지고 주제 의식을 드러내는 것이 무엇보다 우선이었고요. 그런데 19세기 말부터 20세기 초 세계가 많이 달라졌어요. 초현실주의 작가들이 대표적입니다. 이들은 이제까지 억압되었던 인간의 무의식이나 억눌린 욕망을 주제로 한 작품을 발표합니다. 달리 역시 이 초현실주의 작가 중 한 사람이고요. 달리는 이성의 지배를 받지 않는 공상과 환상의 세계를 중시합니다."

무의식, 억압, 욕망. 프로이트 박사님의 진료실에서 수백 번은 들은 단어다. 그렇다면 박사님의 연구가 환자를 치료하는 것뿐만이 아니라 예술에도 영향을 끼쳤다는 말인가? 신기할 따름이다.

"먼저 이 그림을 감상해 볼까요. 이쪽으로 따라오세요."

큐레이터 누나를 따라간 곳에는 달리가 그린 프로이트 박사님의 초상화가 있었다. 내가 꿈에서 본 박사님이랑 거의 비슷한데 이 그림에서는 많이 늙어 보였다. 우울해 보이기도 하고 말이다.

"자, 이 그림은 달리가 프로이트를 스케치한 것입니다. 어떤가요?"

"무서워요!"

앞에 앉아 있던 여학생이 웃으며 말했다.

"네, 좀 무섭지요. 이 그림을 그릴 당시 프로이트는 영국에서 망명 생활을 하고 있었어요. 왜 프로이트가 영국으로 건너갔는지 알고 있나요?"

"전쟁 때문에요."

프로이트에 박사님 전기에서 본 것 같아서 나는 얼른 대답했다.

"맞습니다. 프로이트는 유대인이었지요. 당시 빈은 유대인 차별이 심해지고 있었어요. 그래서 영국으로 건너갔죠. 이때 프로이트는 건강이 매우 좋지 않았어요. 원래 담배를 굉장히 많이 피웠다고 하죠. 그래서일까요. 구강암에 걸렸습니다. 여러 번 수술했지만 다시 재발해서 말년엔 몸 상태가 매우 나빴다고 해요. 그런데도 영국에서 망명 생활을 하면서 많은 활동을 했다고 하죠."

박사님이 말년에 아주 아팠구나. 거기다 그렇게 좋아하던 빈의 베르크가세 진료실을 떠났다니 안타까웠다.

"프로이트 전기를 쓴 작가에 따르면 달리가 프로이트를 많이 흠모했다고 합니다. 그래서 여러 번 만나고 싶다고 졸랐대요. 이날도 여러 번의 시도 끝에 드디어 프로이트를 만난 거고요. 달리는 프로이트가 앉아 있는 모습을 보고 이렇게 살짝 스케치를 남겼다고 합니다. 그런데 보시다시피 프로이트의 얼굴이 너무 우울해 보여요. 그래서 이 만남을 주선한 작가는 그림을 프로이트에게 보여 주지 않았어요."

달리가 그린 프로이트 박사님의 초상화 앞에 멍하니 서 있다가, 다른 그림들을 다시 둘러보았다. 캔버스 위를 채운 선에서 어떤 질서나 규칙을 찾아보기 힘들었다. 무의식의 세계에서 떠오르는 것을 최대한 있는 그대로 그리려고 했기 때문이다. 프로이트 박사님도 환자가 떠오르는 대로 어떤 말이라도 자유롭게 할 수 있는 게 중요하다고 강조했다. 아마 초현실주의 화가도 비슷한 생각을 한 게 아닐까? 박사님의 환자들처럼 이 작가들도 생각나는 대로 마음껏 자기 마음을 표현했다. 박사님이 그랬던 것처럼 나도 그림 하나하나를 살펴보면서 작가들이 어떤 생각을 했는지 그려 보았다.

어느덧 폐관 시간이 가까워져 있었다. 원래는 그림은 대충 보고 친구들이랑 놀러 갈까 했는데, 이렇게 그림 감상에 몰두하다니 놀라운 일이었다.

미술관을 나와 벤치에 앉았다. 더운 날씨를 피해 나무 그늘에서 쉬는 사람들, 분수대에서 뿜어져 나오는 물을 보고 좋아하는 아이들이 보였다. 지금 여기에 있는 사람들은 무슨 생각을 하고 있을까? 또 밤에는 어떤 꿈을 꿀까? 초현실주의 작가의 그림을 보고 나니 문득 프로이트 박사님이 했던 질문이 떠올랐다. 박사님을 통해 나는 내가 '나 자신'을 잘 모를 수 있다는 사실을 알게 되었다. 내가 모르는 내 행동의 비밀을 알았다고나 할까.

오늘 미술관에서 우연히 프로이트 박사님의 흔적을 발견해서인지 빈이 더욱 그리워졌다. 얼른 대학생이 되어야겠다. 그리고 그때는 꿈이 아니라 진짜로 빈에 다녀와야겠다.

부록

지그문트 프로이트(Sigmund Freud, 1856~1939)는 1856년 당시 오스트리아·헝가리 제국의 일부였던 모라비아의 소도시에서 태어났다. 프로이트의 집안은 유대인 혈통으로 대대로 상업에 종사했다. 아버지 야코프는 모피 상인이었으며, 첫 번째 부인이 죽자 스무 살 차이가 나는 여자와 두 번째 결혼을 했다. 프로이트는 두 번째 부인의 맏아들로 태어났고, 그가 태어났을 때는 이미 장성한 형이 둘이나 있었다. 그가 태어난 지 얼마 안 되어 아버지의 모피 사업이 잘 풀리지 않자 가족은 오스트리아 빈으로 이주했다.

가족이 빈에 정착한 이후에도 아버지의 사업은 나아지지 않았고, 집안 형편도 좀처럼 여유로워지지 않았다. 하지만 아버지는 셋째 아들 프로이트의 교육에만은 전적으로 지원을 아끼지 않았다. 프로이트는 김나지움 시절 8년 동안 처음 2년을 제외하고는 자기 학년에서 수석을 놓치지 않았다.

프로이트가 처음부터 의사가 되겠다는 꿈을 꾼 것은 아니었다. 그는 김나지움 재학 시절 인문 고전과 당대의 인간에 대한 학문을 두루 섭렵하였다. 그는 자신이 의학을 전공으로 선택한 것은 의학에 대한 관심에서라기보다는 유년기의 독서를 통해 얻은 지적 자양분과 인류에 대한 호기심이 강한 동력이 되었다고 밝혔다.

인간사 전반에 대한 학문에 관심이 많았던 그는 의대 졸업 후에도 학교에 남아 연구 활동을 하고자 했다. 하지만 어려운 가정 형편과 유대인을 차별하는 분위기 때문에 연구 교수라는 꿈을 접고 개업의를 선택했다.

프로이트는 병원을 열기에 앞서 빈 종합 병원에서 임상 조수 생활을 시작했다. 여기서 신경 병리학자로 권위를 날리던 마이네르트의 연구를 접하게 된 것을 계기로 신경 병리학에 관심을 가졌다. 하지만 당시 오스트리아 의학계에서는 신경증에 관한 연구가 부족한 상황이었다. 그러던 중 히스테리를 질환으로 판단하고 최면술을 통해 치료하고자 했던 샤르코라는 프랑스 신경학자의 히스테리 병동에서 연수를 하게 되었다. 이를 계기로 신경계의 구조에 별다른 이상이 없는데도 심신에 기능 장애가 일어나는 히스테리의 실체를 확인했다. 파리에서 돌아와 빈에 병원을 열고 신경증 환자를 임상 치료하면서 정신 분석학의 기본 원리가 되는 무의식, 억압, 리비도 등 주요한 개념을 발견하고 학문의 체계를 마련했다.

그가 살던 시대에는 히스테리나 신경증 같은 질병의 원인을 환자 개인의 문제로 돌리는 것이 예사였다. 좁은 이성의 테두리 안에서 환자를 바라보았던 의사들은 이러한 환자들의 고통을 이해하지 못했다. 정신 분석학은 이성의 눈으로는 포착되지 않는 인간의 어두운 마음을 알고자 하는 의지에서 시작되었다. 그 마음은 번영을 구가하던 당대 사회의 어두운 그림자 같은 것이었다. 프로이가 치료했던 신경증 환자들의 마음이자 평생 신경 쇠약에서 벗어나지 못한 프로이트 자신의 마음이기도 했다.

프로이트는 연구를 시작한 후 암으로 세상을 떠나는 순간까지 줄곧 연구에 매진했다. 긴 시간 동안 분석과 연구를 거듭하면서 자신의 이론을 갱신했으며, 때로 앞선 연구에서 오류가 발견되기라도 하면 그것을 다시 비판하고 교정하기도 하였다. 오늘날 우리가 접하는 방대한 프로이트 저작의 역동성은 이러한 작업 방식에서 비롯되었다.

프로이트는 정신 분석학이라는 새로운 학문을 이론화하면서 많은 오해와 질타를 받았다. 하지만 그가 구축한 이론은 긴 시간 동안 수정되고 발전되었으며 오늘날에는 의학, 심리학뿐만 아니라 여러 학문 분야에서 그 흔적을 찾을 수 있다.

프로이트의 생애

● 1856

5월 6일 오스트리아·헝가리 세국의 작은 도시 프라이베르크에서 출생.

● 1860

아버지의 사업이 어려워져 가족 모두 오스트리아 빈으로 이주.

● 1865

중등학교 과정인 김나지움 입학.

● 1873

빈 대학 의학부 입학. 찰스 다윈의 진화론에 심취.

● 1880

1년간 군 복무. 존 스튜어트 밀의 에세이를 번역.

● 1881

의학 박사 과정 졸업. 의사가 되어 돈을 버는 것보다 의학 연구와 교수로서 명성을 원함.

● 1882

마르타 베르나이스와 약혼. 가난에서 벗어나고 결혼도 하기 위해 빈 대학 병원에서 가장 낮은 직위의 의료 보조원인 '지망의'가 됨.

● 1883

정신과 전문의 마이네르트의 조수로 들어감.

● 1884

코카인을 연구하다가 진통 효과 발견. 친구를 코카인으로 치료하다가 부작용을 초래. 이 사건은 프로이트에게 큰 가책을 느끼게 하였으며 일생일대의 실수로 남게 됨.

● 1885

장학금을 받아 프랑스 파리 살페트리에르 병원에서 신경증 의학자 장 마르탱 샤르코의 지도 아래 연구. 샤르코가 최면술을 통해 히스테리 환자를 치료하는 것을 인상 깊게 보고 관찰함.

● 1886

마르타 베르나이스와 약혼한 지 4년 만에 결혼. 빈 라트하우스 슈트라세 7번지에서 개업하여 신경 질환 전문의로서 진료를 시작함.

● 1887

장녀 마틸데 출생. 베를린의 유대계 이비인후과 의사 빌헬름 플리스와 교제 시작. 플리스와의 편지는 프로이트가 정신 분석 이론을 확립하는 데 중요한 계기가 됨.

● 1889

도라라는 소녀를 치료하면서, 꿈 분석이 환자의 무의식의 비밀을 푸는 열쇠라는 것을 확신. 장남 마르틴 출생.

● 1891

차남 올리버 출생.

● 1892

자유 연상법을 사용함. 삼남 에른스트 출생.

● 1893

차녀 소피 출생. 공동 연구자 요제프 브로이어와 심각한 견해차가 생김.

● 1894

샤르코의 논문을 번역. 브로이어와의 공동 연구를 끝마침.

● 1895

브로이어와 함께 쓴 《히스테리 연구》 출간. '이르마의 꿈' 분석. 훗날 심리학자가 되는 막내딸 안나 프로이트 탄생.

● 1896

정신 분석이라는 용어를 처음으로 소개. 아버지 야코프 사망.

● 1897

오이디푸스 콤플렉스에 대해 인식하게 됨. 이탈리아로 여행을 가지만, 한니발에 대한 기억 때문에 로마까지 가지 않고 중단. 훗날 《꿈의 해석》에서 이때의 경험을 토대로 자기 분석을 시도함.

● 1900

프로이트의 초기 이론을 드러내는 가장 중요한 저서 《꿈의 해석》 출간.

● 1905

논문 〈성욕에 관한 세 편의 에세이〉를 통해 유아기의 성에 관한 이론 발표.

● 1908

국제 정신 분석 학회 창립.

● 1911

아들러가 정신 분석 학회 탈퇴.

● 1914

융과 결별. 〈정신 분석 운동의 역사〉라는 논문 발표. 이 논문에 프로이트가 아들러 및 융과 벌인 논쟁이 담겨 있음.

● 1923

구강암에 걸림.

● 1938

히틀러가 오스트리아를 침공하자 빈을 떠나 런던으로 이주. 미완성의 저작 《정신 분석학 개요》 집필.

● 1939

9월 23일 런던에서 83세를 일기로 사망.

《히스테리 연구》

요제프 브로이어와 공동으로 집필한 저작으로, 정신 분석 이론 역사에서 가장 앞자리에 놓을 수 있는 책이다. 히스테리는 자궁을 뜻하는 그리스어 히스테라(hystera)에서 온 것으로 증상은 마비, 경련, 몽유병, 환각, 실어증, 감각 상실 혹은 기억 상실이다. 어원에서도 볼 수 있듯이 히스테리는 여성의 질병이라고 알려졌고, 근대 의학이 도입되어서도 히스테리에 대한 오해는 끝나지 않았다.

신경과 의사로 개업한 프로이트는 히스테리 환자들을 만나면서 한 인간의 기억이나 정신적 상처가 육체에 병을 유발할 수 있다고 결론 내린다. 그리고 정신적 외상(트라우마)에 대한 기억을 해소하기 위해 다양한 방법을 고안한다. 정신 분석의 가장 중요한 의의는 인간의 마음을 과학적으로 탐구하는 초석을 다졌다는 점이다. 《히스테리 연구》는 바로 이 역사적인 작업을 확인할 수 있는 뜻깊은 저작이다.

《꿈의 해석》

프로이트는 꿈이 인간의 무의식을 분석하는 데 중요한 열쇠가 된다는 것을 인식한다. 일명 '이르마의 꿈'으로 불리는 자신의 꿈 분석에 성공한 것을 시작으로, 여러 꿈 사례를 분석하고 이를 통해 인간의 무의식을 분석해 낼 수 있는 실마리를 발견한다. 그는 이 책에서 이전까지 단순한 미신이거나 미래를 예언하는 도구로 인식됐던 꿈이 과학적 분석의 대상이 될 수 있음을 증명하고자 했다. 프로이트의 꿈 이론에 따르면 인간이 꾸는 꿈은 잠자는 동안에 의식에게 들키지 않고서 만드는 내밀한 소원 성취다.

《꿈의 해석》을 통해 프로이트의 연구 범위는 훨씬 넓어진다.《히스테리 연구》에서 히스테리 환자의 병든 마음을 분석했다면,《꿈의 해석》에서는 새롭게 발견한 꿈이라는 통로를 통해 보통 사람들의 무의식에 접근하는 방법을 발견한다. 이를 통해 인간의 무의식에 대한 일반적인 이론을 체계화할 기회를 얻게 되었다.

《성욕에 대한 세 편의 에세이》

프로이트는 히스테리 환자를 분석하면서부터 인간의 무의식을 연구하는 데 성(性)적인 부분을 떼어 놓을 수 없다는 사실을 예감한다. 그는 이 책에서 인간의 성(性)에 대한 이론적 작업을 시도한다. '충동', '오이디푸스 콤플렉스'와 같은 정신 분석의 주요한 개념들을 확인할 수 있는 중요한 저작이지만, 당대 사회에서는 온전히 이해되고 받아들여지지 않았다. 심지어 프로이트의 연구는 물론이고 정신 분석에 대해 광범위한 오해를 불러일으키기까지 했다.

《정신 분석학의 근본 개념》

후기 작업을 엿볼 수 있는 책이다. '의식'과 '무의식'이라는 초기의 이론을 더욱 정교하게 구성한 논문인 〈자아와 이드〉가 수록되어 있다. 초기 저작에 해당하는 《히스테리 연구》는 억압 가설을 통해 인간의 의식과 무의식을 설명하였다. 그런데 후기 작업에 속하는 〈자아와 이드〉에서는 자연 상태의 인간이 사회화되는 과정을 단순히 억압과 피억압의 과정으로만 설명하지 않는다. '자아, 이드, 초자아'라는 삼각 구도와 '삶 충동', '죽음 충동' 등의 개념을 가져오면서 인간이 문명에 적응하는 과정을 이론화한다.

《문명 속의 불만》

프로이트는 인간의 마음이라는 주관적인 영역을 객관적으로 분석하고, 이것을 정신 분석학이라는 하나의 학문의 체계로 과학화하려 하였다. 평생에 길친 이린 작업으로 미루어 볼 때 그는 근대 사상의 세례를 받은 인물이다. 하지만 프로이트가 근대 과학이나 기술 문명에 대해 낙관만 한 것은 아니다. 〈문명 속의 불만〉, 〈환상의 미래〉, 〈왜 전쟁인가?〉 등의 글을 통해 우리는 몇 가지 사실을 확인할 수 있다. 하나는 프로이트가 인간의 본능과 문명 사이의 갈등이 쉽사리 해결되지 않으리라 전망했다는 사실이다. 그리고 그의 관심은 한 개인의 내면이 아니라, 더욱 폭넓은 차원의 인간 전체에 있었다는 점이다.

《문학, 예술, 정신 분석》

프로이트는 《꿈의 해석》에서 《오이디푸스 왕》과 《햄릿》에 대한 정신 분석을 시도한 이래로, 다양한 문학과 예술 작품에 자신의 이론을 적용하는 작업을 했다. 사실 문학과 예술은 단순히 정신 분석을 위한 비평의 대상이기에 앞서 그가 학문을 지속하는 데 중요한 영감의 원천이기도 했다. 문학과 예술을 통해 이론을 개진한 논문을 모은 이 책에서 우리는 프로이트의 인문학적 관심사가 얼마나 폭넓었는지 확인할 수 있다. 또한 현대의 문학, 예술, 문화 이론에 남은 프로이트의 흔적의 기원을 찾을 수 있다.

환자들의 말실수, 꿈 이야기를 통해 무의식에 접근했던 프로이트는 이제 도스토옙스키, 미켈란젤로, 다빈치 등 다양한 예술가의 작품을 쫓으며 그 작품의 무의식을 분석한다. 그러면서 거듭해서 강조하는 말이 있다. 비록 사소하게 보일지라도 "부차적이고 세세한 부분들을 놓치지 말라"는 것이다.

읽고 풀기

1. 프로이트는 '히스테리'의 증상과 원인을 어떻게 설명하나요? 1장 참고

2. 프로이트가 무의식을 분석하는 데 꿈, 농담, 말실수가 중요하다고 생각했던
이유는 무엇일까요? 4장 참고

3. 프로이트는 "꿈은 소원 성취다"라고 말합니다. 이것은 꿈을 해몽하는 것과

어떻게 다를까요? 4장 참고

4. 프로이트가 말한 '오이디푸스 콤플렉스'란 무엇일까요? 7장 참고

5. 정신 분석학이 이후의 학문에 미친 영향에 대해 생각해 봅시다. 에필로그

참고

* 읽고 풀기의 PDF는 blog.naver.com/totobook9에서

다운로드 받을 수 있습니다.

1. 프로이트는 자신이 정신 분석 연구를 시작하게 된 계기를 히스테리 환자들을

   치료하면서부터라고 말합니다. 그가 만났던 히스테리 환자들은 내과적으로는

   아무 이상이 없으나 신체의 일부에서 고통을 느낍니다. 가볍게는 복통, 두통을

   호소하기도 하고 갑자기 흥분을 하거나 심한 경우에는 몸을 가누지 못할 정도로

   현기증을 일으키거나 언어 장애를 일으키는 경우도 있습니다. 프로이트는

   히스테리가 환자들의 심리적인 원인과 관계가 있을 것이라 보았습니다. 그는

   히스테리 환자들이 하는 말을 분석하는 '대화법'을 통해 그들이 보이는 신체적

   증상이 심리적인 문제와 관련이 있다는 것을 밝혀냅니다.

   프로이트가 만난 히스테리 환자들은 정신적 외상(트라우마)을 초래한 불쾌한

   기억으로 고통받고 있었습니다. 환자들은 부정적인 기억을 정상적인 방식으로

   표출할 수 없었고 이렇게 표출되지 못한 기억은 오랜 시간 억압되어 있었습니다.

   프로이트는 《히스테리 연구》라는 책에서 긴 시간 억압된 기억이 무의식적으로

   자극을 받아 다시 신체적 증상으로 전환된 것이 히스테리라고 주장합니다.

2. 프로이트 이전까지만 해도 인간의 행동을 설명하는 데는 이성이나 의식의

   언어만으로도 충분하다고 생각했습니다.

하지만 프로이트는 히스테리 환자들을 분석하는 것을 계기로 인간의 행동에는 이성만으로는 설명되지 않는 부분이 있다고 생각합니다. 이 부분이 바로 무의식입니다. 무의식은 인간의 행동에 영향을 미치기는 하나 이성의 눈으로는 좀처럼 파악하기 어려운 것입니다. 어른이 된다는 것은 다른 말로 하면 사회의 도덕률을 잘 내면화하고 자신의 충동이나 욕망을 잘 다스리는 것이라고 할 수 있습니다. 따라서 인간이 태어나서 성장한다는 것은 자신의 충동이나 욕망을 사회에 잘 적응시키는 과정이라고도 할 수 있습니다.

본인의 속마음을 좀처럼 드러내지 않고 적당히 예의를 지키면서 타인과 거리를 유지하는 것이 보통이지요. 그래서 프로이트는 무의식을 분석하기 위해서는 다른 접근 방법이 필요하다고 보았습니다. 사실 꿈이나 농담, 말실수 같은 것은 이성의 검열로부터 벗어난 결과물입니다. 프로이트는 인간의 무의식이 바로 이렇게 이성의 눈을 피해서 생긴 뜻밖의 실수나 부차적으로 보이는 꿈이나 환상 같은 것을 분석해야만 접근할 수 있다고 보았지요. 이성의 눈으로 본다면 이것들은 매우 하찮은 실수에 불과해 보일지도 모릅니다. 그래서 프로이트 이전까지만 해도 이러한 것들은 별것 아닌 것으로 취급되었지요. 하지만 프로이트는 언뜻 보기에는

사소해 보이는 실수나 꿈을 통해 감추었던 인간의 속마음 혹은 자기 자신도 잘

모르는 무의식을 분석할 수 있다고 보았습니다.

3. 프로이트 이전까지만 해도 꿈은 과학적 분석의 대상이 아니거나 미래를 예언하는

것으로 간주되었습니다. 하지만 프로이트는 꿈은 인간의 미래가 아니라 오히려

과거를 말해 준다고 보는 쪽에 가깝습니다. 그는 히스테리 환자들을 분석하면서

그들이 꿈 이야기를 많이 한다는 것을 발견하고 이를 계기로 꿈에 관심을 갖지요.

그가 처음으로 분석에 성공한 꿈은 자신의 꿈으로 일명 '이르마의 꿈'이라고

불립니다. 그는 인간이 낮이라면 드러내지 않았을 내밀한 소망을 꿈을 통해

은밀하게 발설한다고 주장합니다.

물론 이때 꿈을 분석하는 것은 단순히 꿈에 나오는 표상들을 통해 미래의 일을

예언하는 것을 읽는 것과는 다릅니다. 꿈 해몽은 단순히 꿈에 나오는 표상을

하나의 상징적인 의미로 읽어 내고 그것을 꿈을 꾼 자의 미래를 예언하는

것으로 읽었습니다.

하지만 프로이트가 말하는 꿈 분석은 단순히 하나의 의미를 상징하는 것으로

고정화해서 풀이하는 방식이 아닙니다. 프로이트가 꿈은 소원 성취라고 말할

때 우리가 밤에 꾼 꿈의 표면적인 내용 자체가 소원이라는 뜻이 아닙니다.

프로이트는 꿈이 꿈꾸는 자가 가진 욕망을 바로 꿈으로 드러내지 않고

'꿈–작업'을 통해 변형해서 나타낸다고 주장하였습니다. 꿈을 분석한다는 것은

바로 이처럼 표면적인 내용을 실마리 삼아 꿈꾸는 자의 숨어 있는 무의식을

분석한다는 것이지요.

4. 오이디푸스는 그리스 신화에 나오는 테베의 왕입니다. 그는 신탁에 따라 아버지를

죽이고 어머니와 결혼하는 비극적인 운명을 맞이하였다는 신화 속 주인공입니다.

프로이트는 이 신화 속 인물의 이름을 빌려 인간의 성(性) 충동에 대해

설명합니다. 오이디푸스 콤플렉스는 프로이트 이론 중에서도 가장 논란이 되는

것 중의 하나입니다. 가장 흔한 오해는 오이디푸스 콤플렉스를 신화 속 이야기

줄거리를 그대로 가져와 이해하는 데서 비롯됩니다. '사내아이가 어머니에 대해

성(性)적 원망을 집중시키고 아버지에 대해 경쟁자로서 적대적인 충동을 가졌다가

해소하는 것'이라고 해석됩니다.

하지만 프로이트의 주장에서 중요한 것은 그리스 비극과 관련된 표면적인

이야기에 있지 않습니다. 핵심은 인간은 태어날 때부터 자연적 충동을 가지고

있으며 성장하는 과정에서 이 자연적 충동을 억제하고 사회화된다는 것이지요.

이때 도덕, 수치, 혐오감과 같은 반동 형성이 구축됩니다. 오이디푸스 콤플렉스는

인간이 정서적 애착이나 자연적 충동을 적당히 조절하고 억압하면서 사회화되는

과정을 설명하는 원리라고 할 수 있습니다.

5. 프로이트가 히스테리를 연구하고 정신 분석이라는 학문을 만든 것은 이성에

대한 믿음이 팽배했던 시대에 커다란 사건이었습니다. 특히 당시만 해도 여전히

보수적인 영역이었던 인간의 성(性)이나 심리에 대해 에둘러 말하지 않고 직접

다루었기 때문에 숱한 오해를 받기도 하였습니다.

하지만 시간이 지나면서 프로이트가 말한 무의식에 대한 이론이나 인간의

욕망, 충동, 성(性) 등에 대한 개념은 선구적인 학자들 사이에서 적극적으로

받아들여졌습니다. 특히 20세기 초 세계 대전이 일어나면서 유럽 사회의

고조된 불안을 민감하게 인식한 초현실주의자들에게 프로이트의 영향은 지대한

것이었습니다. 초현실주의자들은 당대 유럽 사회가 겪는 위기가 기존 사회를

지배하던 억압과 금기 때문이라고 보았습니다. 그러면서 자연히 억눌린 욕망에

관심을 가지게 되었지요. 이것은 프로이트의 무의식 개념에서 큰 영향을 받았다고

할 수 있습니다. 물론 프로이트의 사상의 흔적은 당대 예술가에게서뿐만 아니라

100년이 지난 오늘날에도 인문학 전반에서 찾아볼 수 있습니다.